우리가 찾는 진짜 보석

노영남 시집

우리가 찾는 진짜 보석
РАЗМЫШЛЕНИЯ О ЖИЗНИ...

노영남 시집
Ёнг Нам Ро

사랑하는 나의 가족,
아내 Youngsook, 딸 Soojung,
사위 Phillipe에게 이 책을 바친다

Посвящается моей семье:
любимой супруге Youngsook,
дочери Soojung и зятю Phillipe

축사

엘리자베타 스타니슬라브나 리하쵸바
(푸쉬킨 러시아국립미술관장)

시(詩)는 문학 중에서도 가장 어려운 분야 중 하나라고 할 수 있습니다. 저는 심지어 시가 가장 어려운 문학 장르라고 말하고 싶습니다. 왜냐하면 시인은 소설가나 극작가와 달리 표현 수단에 제한을 받기 때문입니다. 시에서는 운율이 중요하며, 이 운율이 정확하지 않거나 아예 없을 수도 있지만, 시는 잘 그려진 그림처럼 구성되어야 합니다. 시의 구성에는 불필요한 것이 없어야 합니다. 소설에서 가능한 것들이 시에서는 절대로 허용되지 않죠. 시인이라는 '칭호'는 문인보다 더 높은 위치에 있습니다. 시인은 배워서 되는 것이 아니며, 타고나야만 하는 존재이기 때문입니다. 종종 시는 인간의 영혼이 주변 사건들에 대해 가장 진실하고 순수하게 반응하는 표현입니다. 모든 시는 복잡합니다. 러시아의 위대한 시인 안나 안드레예브나 아흐마토바는 '당신이 어떤 쓰레기 더미에서 시가 부끄럼 없이 자라나는지 안다면…'이라고 썼습니다. 이 이야기는 예기치 않음을 말하며, 당신의 삶에서 일어난 사건들이 시로 드러나는 것—이것이 정말 경이로운 일임을 말합니다. 시를 접할 때마다 그 만남이 얼마나 예기치 못한 것인지 놀라게 됩니다. 예를 들어, 알렉산드르 세르게예비치 푸쉬킨이나 로버트 번스, 혹은 지구상에 살았던 다른 어떤 시인의 시집을 펼칠 때, 당신은 무엇을 기대하나요? 하지만 시를 전혀 다른 방식으로 보는 사람을 만났을 때의 이야기는 완전히 다릅니다. 이는 드문 재능이며, 노영남 법인장님은 분명히 그러한 재능을 가지고 있습니다. 그는 아무도 보지 못한 곳에서 시를 봅니다. 그의 시는 완벽하지 않지만, 완벽한 시는 없습니다. 결점 없이 최대한 정확하게 쓰인 완벽한 예술 작품은 죽은 작품이기 때문입니다. 이것은 19세기 프랑스 아카데미즘과 같습니다. 모든 것이 정확하지만, 영혼이 없어서 볼 수 없는 것입니다. 노영남 법인장님의 시에는 또 하나 중요한 특징이 있습니다. 바로 매우 진실하다는 점입니다. 진실성은 시인에게 있어 가장 중요한 자질입니다.

Поздравительное слово

Елизавета Станиславна Лихачёва
Директор Государственного музея изобразительных
искусств имени А. С. Пушкина

«Поэзия — это одна из самых сложных областей литературы, я бы даже сказала — самая сложная, потому что поэт, в отличие от прозаика или драматурга, стеснен в выразительных средствах. Ведь здесь важна рифма, и эта рифма может быть неточной либо отсутствовать вообще, а стихотворение должно выстраиваться как хорошо написанная картина. В композиции стихотворения не может быть ничего лишнего. Того, что позволяет сделать проза, ни в коем случае не допускает поэзия. Поэт — «звание» выше, чем у литератора, ведь поэтом нельзя стать, этому нельзя научиться, им нужно родиться. И зачастую поэзия — это самый искренний и чистый отклик души человеческой на окружающие события. Все стихи сложные. „Когда б вы знали, из какого сора растут стихи, не ведая стыда…" — написала великий русский поэт Анна Андреевна Ахматова. Эта история про неожиданность и про те события, которые происходят в твоей жизни и выливаются в стихотворение, — она невероятна. И каждый раз, когда встречаешься с поэзией, ты поражаешься, насколько эта встреча неожиданна. Когда открываешь томик, например, Александра Сергеевича Пушкина, или Роберта Бёрнса, или любого другого поэта, который когда-либо жил на земле, ты понимаешь, чего ждешь. Но совсем другая история — когда встречаешь человека, который видит поэзию в том, чего не замечаешь; это дар, редкий дар. И г-н Ро, безусловно, таким даром обладает: он видит поэзию там, где ее не видит никто. Стихи его небезупречны, но безупречных стихов не бывает, потому что безупречное произведение искусства, написанное без изъянов, максимально выверенным способом, — это мертвое произведение. Это как французский академизм XIX века: вроде бы всё правильно, но без души, и смотреть на это невозможно.

그것은 현실을 직접적으로 인식하고 이를 시로 표현하는 것입니다. 저는 노영남 법인장님의 시 중에서 특히 좋아하는 작품이 있습니다. 그것은 동쪽에서 서쪽으로 이어져 희망을 품고 있는 시베리아 횡단 철도의 종착점에 대한 시입니다. 이것은 표준적인 접근 방식을 넘어선 진정한 시입니다. 아쉽게도 저는 한국어를 이해하지 못해 원문을 감상할 수 없지만, 러시아어 번역에서 보이는 것은 분명히 진정한, 위대한 문학입니다. 이 시를 더 많은 독자들이 감상할 수 있기를 진심으로 바랍니다. 또 예를 들어 푸쉬킨 박물관에 대한 시도 있습니다. 이 위대한 박물관에는 두 개의 계단이 우리를 맞이합니다. 하나는 예술가와 시인들이 만나는 장소로, 예술의 최상위 단계로 이어지는 천상의 계단이고, 다른 하나는 박물관에 숨겨진 보물들을 열어주는 비밀 통로입니다. 20세기는 이 걸작을 드러내며 두 계단을 대중에게 공개했습니다. 모든 시대의 위대한 창작자들이 한곳에 모였습니다. 이것은 박물관이 실제로 무엇인지에 대한 매우 정확한 이해입니다. 그의 시에서 이 점이 저를 감동시켰습니다. 왜냐하면 이것이야말로 20세기이며, 모든 문화가 하나로 합쳐지는 장소이기 때문입니다. 여기서 사람은 한편으로는 자신의 중요성과 위대함을 느끼고, 다른 한편으로는 위대한 작품들 앞에서 자신의 보잘것없음을 느낄 수 있습니다. 이처럼 합쳐질 수 없는 것을 결합시키는 것이, 제 생각에 우리가 여기 존재하는 이유 중 하나입니다. 아무도 시인 외에는 이러한 것들을 알아차리지 못하고 지나칩니다. 그것은 시가 또한 세부 사항을 보는 능력이기 때문입니다. 그리고 노 법인장님의 시에는 그 능력이 분명히 존재합니다. 제 생각에는 그에게 시는 단순한 취미가 아니라, 자신의 세계관을 공유하는 방식입니다. 이것이 그의 시를 진정하게 만듭니다. 시인은 화가가 그림을 그리듯 시를 씁니다. 물론 때로는 주문을 받고 쓰기도 하지만, 그것보다도 시는 무엇보다도 주변 세계에 대한 성찰의 방식입니다. 세상과 타협하고, 그것을 소화하고, 상상하고, 자기에게 맞게 조정하는 방식이죠. 그런 점에서 그의 시는 진정한 시라고 할 수 있습니다.

Поэзия Ро обладает еще одним важным качеством: она очень искренняя, а искренность — важнейшее качество поэта. Это — непосредственное восприятие действительности, облеченное в стихотворение. У г-на Ро есть стихотворение, которое мне нравится, — о точке в конце Транссибирской магистрали, идущей с востока на запад и несущей надежду. Это за пределами стандартного подхода, это истинная поэзия. Я, к сожалению, не могу оценить стихотворение на корейском, так как не владею этим языком, но то, что вижу в переводе на русском, — это, безусловно, настоящая, большая литература. Очень надеюсь, что эту поэзию сможет оценить самый широкий круг читателей. Или, например, стихотворение о Пушкинском музее. В великом музее нас встречают две лестницы: одна — место встреч художников и поэтов, небесная лестница, ведущая к высшей ступени искусства; другая — потайной путь, открывающий спрятанные в музее сокровища. И XX век явил сей шедевр, когда открыл обе лестницы широкой публике: выдающиеся творцы всех эпох встретились в одном месте. Это очень точное понимание того, что такое музей на самом деле. Вот что меня поразило в его стихах, потому что это действительно XX век, это действительно место соединения всех культур, в котором человек может почувствовать, с одной стороны, свою значимость, свое величие, а с другой — свою ничтожность перед творениями великих. Такое соединение несоединимого и есть, на мой взгляд, одна из тех вещей, ради которой мы все здесь существуем. Никто, кроме поэта, такие вещи не замечает, проходит мимо, а всё потому, что поэзия — это еще и способность видеть детали, а в поэзии Ро она точно есть. Мне кажется, что для него это не хобби, а способ поделиться своим мироощущением. Это делает его поэзию настоящей, потому что поэт пишет стихи, как художник пишет картины, — не по заказу, хотя и это тоже может быть. Прежде всего это способ рефлексии окружающего мира. Способ смириться с миром, способ переработать его, представить себе и приспособить под себя. И в этом смысле поэзия Ро — самая настоящая поэзия».

차례

축사 *Поздравительное слово* 006
서문 *Предисловие* 012

제1부 나는 야생으로 돌아간다

어린 소년 *Мальчик* 022
산 *Гора, или Путь наверх* 024
흐르는 물 *Бегущая вода* 026
나는 야생으로 돌아간다 *Я возвращаюсь в дикую природу* 028
허수아비 *Пугало* 030
달팽이가 본 세상
Мир глазами улитки, или Возможность замедлиться 032
첫사랑 *Первая любовь* 034
가면 쓴 세상 *Мои пять масок* 036
우리가 찾는 진짜 보석 *Истинные ценности* 038
내 영혼의 휴식 *Дать отдых душе* 040
미로에 서서 *Запертый в лабиринте* 042
흰 눈 밑의 생명 *Я знаю: под снегом есть жизнь* 044
소셜 네트워크, 메신져 *В мире соцсетей и мессенджеров* 046
작동을 멈춘 손목시계 *Наручные часы, которые остановились* 048
삶의 아이러니 *Ирония жизни, или Две стороны медали* 050
진정한 나를 찾아서 *Найти себя настоящего* 052
그 날이 오면 *Когда этот день наступит, или Вера в себя* 054
벽 *Стена, или Бесконечное соревнование* 056
감정의 마그마 *Магма эмоций* 058
내면의 세계를 찾아서 *В поисках своего внутреннего мира* 060
북아프리카에서 *В Северной Африке. 1942-2008* 062
딜레마 *Постоянная дилемма* 064
운명의 회전판 *Стоя перед колесом судьбы* 066
촛불을 끈다 *Задувая свечу* 068
파티는 끝나고 *Вечеринка окончена* 070
땅끝 마을에 홀로 서서 *Один на вершине скалы на краю земли* 072

그들은 아무것도 기억 못한다
Они ничего не поняли, или Вавилонская башня 074
기다림 Ожидание, или Волшебство добра 076

제2부 너와의 사랑은 - 러시아

너와의 사랑은 *Моя любовь к тебе, Россия* 080
나의 연대기 *Мои десятилетия* 082
모스크바 *Москва* 084
모스크바 강 *Москва-река как хранительница города* 086
엠게우 *МГУ* 088
마야콥스카야 지하철 *Метро «Маяковская»* 090
아르바트를 걸으며 *Прогуливаясь по Арбату* 092
볼쇼이 극장 *Большой театр* 094
푸쉬킨 미술관 *Пушкинский музей* 096
상트 페테르부르크 *Санкт-Петербург* 098
칼리닌그라드 *Калининград* 100
소치를 지나며 *Кружась над городом Сочи* 102
바이칼 *Байкал и ледяные цепи* 104
희망을 찾아서 *В поисках надежды* 106
이식쿨 호수에서 *На берегу Иссык-Куля* 108
사마르칸트 *История великих империй. В Самарканде* 110
아슈가바트 *Ашхабад, Туркменистан* 112
알마티 *Алматы, Казахстан* 114

제3부 서평

서평 *Рецензии на книгу* 118
저자의 자기 소개 *Автор о себе* 132

서문

1985년 여름날... 나는 20살이 갓 넘었다

아마도 1985년 어느 여름날이었을 것이다. 난 20살이 갓 넘었다. 냉전으로 블록화된 세계는 개인이 극복할 수 없는 경계로 가득찼고 개인 의지로 다른 국가를 자유롭게 여행하는 것은 불가능했다.

세계 지도를 펼칠 때마다, 한반도를 둘러싼 당시에는 갈 수 없던 나라였던 소련과 중국에 대한 호기심이 가득했었다. 이들 국가에 대해 더 많이 배우고 싶었지만, 그때는 방문할 수 없는 나라들이었다. 1988년 서울 올림픽이 개최되고, 서울은 소련의 참가자를 환영하였다. 냉전은 종식되었고, 1990년 한국은 소련과 국교관계를 맺어 외교관계가 시작되며, 러시아를 갈 수 있는 환경이 형성되었다.

당시 GoldStar는 글로벌 사업에 눈을 뜨기 시작했고, 나는 1993년부터 러시아에 처음 출장을 와서 냉장고를 팔기 시작하였고, 그 때 배운 첫 러시아 단어는 холодильник(냉장고)였다.

아무도 먼저 가본 사람이 없는 길을 걸으며, 당시 20대의 청춘을 다 바쳐서 새로운 나의 길을 만들고 싶었다. 하지만, GoldStar는 러시아인들에게 생소한 브랜드였고, 내가 팔기 시작한 냉장고와 세탁기는 러시아 고객들이 원하는 방식의 제품이 아니었기 때문에 힘들었다.

그럼에도 불구하고, 새로운 시장을 개척하면서 많은 러시아 사업 파트너들을 만났고, GoldStar 사업 확대를 통한 개인의 러시아 첫 경험이 시작되었다. 1996년 처음 러시아에 주재원으로 근무를 하면서 사업 가능성을 새롭게 개척하고 다녔다. 당시에 러시아 시장은 엄청난 사업 기회가 있지만, 모두에게 잘 알려지지 않은 시장이었다.

1996년 GoldStar는 LG로 브랜드 변경을 하였고, 사업은 꾸준히 발전하고 있음에도, 마음 속의 내 영혼은 계속 가난해지는 것처럼 느껴졌다. 당시 모스크바는 카지노와 가라오케로 대변되는 향락 문화가 가득했고, 내 젊은 날의 청춘은 그들과 함께 소비지향적 생활에 집중했었다.

Предисловие

Летний день 1985 года... Мне чуть больше двадцати

Мир расчерчен непреодолимыми границами, и почти невозможно поехать туда, куда хочется. Я развернул карту мира и стал смотреть на страны, окружающие Корейский полуостров. Мне было бы очень интересно узнать побольше о Советском Союзе и Китае, но в то время я не мог там побывать...

В 1988 году Сеул приветствовал проходившие в стране Олимпийские игры. Советский Союз в них участвовал. Подошла к концу холодная война, и в 1991-м между двумя странами установились дипломатические отношения. Это было время, когда компания GoldStar только начинала выходить на мировой рынок.

Впервые я приехал в Россию в 1993 году и начал продавать бытовую технику, поэтому первое русское слово, которое я тогда выучил, было «холодильник». Мне очень хотелось проложить новую дорогу, путь, по которому еще не ступала ничья нога. Я думал посвятить этому молодость, ведь тогда мне было едва за двадцать. Однако GoldStar был достаточно незнакомым брендом для россиян, а холодильники и стиральные машины компании еще не вполне отвечали запросам жителей страны. Тем не менее, выйдя одним из первых на неосвоенный рынок, я в 1996 году познакомился со многими российскими предпринимателями, и это стало началом моего пути в бизнесе — и первым этапом личного развития.

В то время Россия казалась многим неизвестной областью с огромными возможностями развития рынка. GoldStar был переименован в LG, и, хотя бизнес поступательно развивался, мне казалось, что моя душа оскудела. Это было время бездумных развлечений в казино, и я, молодой человек, погружался в жизнь, построенную на потреблении. Но всё изменилось в одночасье, когда водитель, работавший в компании,

어느 날, 회사 운전 기사가 물었다. 한국이라는 부자나라(90년대 초반에는 한국은 소련이 어려운 시기라 한-러 경제 협력을 하면서 부자나라로 알려져 있었다)에서 온 한국인 주재원들의 모든 관심은 물질적인 이익에 집중되어 있는데, 왜 문화나 예술에 대한 대화는 없냐고?

회사 운전 기사는 여건이 되면 볼쇼이 극장에서 발레를 관람하곤 했지만, 한국에서 온 젊은 주재원들의 주요 방문지는 주로 가라오케였다. 회사 운전 기사의 돌발 질문에 창피함을 느꼈고, 나 역시 러시아어로 유창하게 말을 하면서 러시아의 깊은 정신적이고 문학적 유산을 알고 싶었다. 하지만, 내가 당시 알고 있던 러시아 작품은 톨스토이의 "사람은 무엇으로 사는가", "부활", 도스토예프스키의 "죄와 벌" 정도였다.

1998년 러시아 모라토리움이 터지면서 많은 러시아 국민들의 일상은 망가졌고, 러시아 국민들이 가졌던 수준 높은 문화 생활의 유지는 어려워졌다. 나도 회사의 주재원 계약 기간 만료로 한국으로 돌아가야 했지만, 모라토리움에도 불구하고, LG 전자 러시아 사업은 계속 지속되었고 투명하고, 혁신적인 사업구조를 수행하는 상징이 되었다.

나의 30대, 2003년...

2003년 나는 LG 전자 러시아 법인 주재원으로 다시 돌아왔다. LG 전자는 시장에 적합한 제품들을 출시하면서 매출이 성장했고, 추가로 더 성장할 수 있는 시장으로 회사 내부 인식이 높아졌고 러시아 시장에 대한 더 많은 투자가 실행되었다. LG 전자의 최신 가전제품에 대한 소비자들의 관심은 높아졌고 수요도 많아졌다.

2006년 9월 모스크바 근교, 루자에 공장이 완공되면서 러시아는 LG 전자에게 중요한 글로벌 시장이 되었다. 가전 시장은 개방되었고, 기존에 횡행하던 불법 통관 사업은 다른 경쟁자들은 어려움을 겪었지만, 러시아에 종합 가전 생산공장을 출범시킨 LG 전자에게는 큰 성장의 기회를 제공했다.

러시아 시장의 사업 성장과 중요성이 커지면서 내가 20대에 처음 이곳에 왔을 때 마음속에 품었던 러시아 문화에 대한 향수와 러시아어를 유창하게 말하고 싶다는 개인적 소망은 회사 업무 속의 일상에 파묻혀 마음 속으로 아쉬움만 남기며, 치열한 러시아 시장에서 1등을 만들기 위한 사업적 일상에만 완전히 몰입하게 되었다.

спросил, почему корейцы, выходцы из процветающей страны, сосредоточены лишь на материальных благах. Почему им не интересны культура и искусство? Получается, наш сотрудник, как только у него появлялась возможность, старался попасть на постановки в Большой театр, а молодые корейские предприниматели в основном посещали рестораны и караоке-клубы.

Вопрос водителя застал меня врасплох. Чувствуя себя неловко, я понял, что хочу узнать побольше о России, русской литературе. В то время я был знаком лишь с произведениями «Чем люди живы» и «Воскресение» Льва Толстого, «Преступление и наказание» Достоевского.

После дефолта, или кризиса, 1998 года уровень жизни россиян серьезно упал, культурная жизнь на время отошла на второй план. К этому времени срок моего контракта истек, и я вернулся в Корею. Несмотря на непростую экономическую ситуацию, LG Electronics продолжала работать в России, став символом ведения прозрачного и инновационного бизнеса.

Мне чуть за тридцать. Наступил 2003 год...

В штаб-квартире LG понимали: рынок России становится очень важным для корпорации, интерес потребителя к современной электронике, полностью соответствующей ожиданиям и даже опережающей их, растет. Благодаря серьезным инвестициям мы в 2006 году открыли огромный завод в Рузском районе — первый кластер, объединивший производство трех самых значимых направлений: телевизоры, холодильники и стиральные машины. По мере увеличения объема работы и повышения личной ответственности мне пришлось временно с огромным сожалением оставить мечты о серьезном изучении русской культуры и языка. Такова была цена полного погружения в бизнес на высококонкурентном рынке.

나의 40대 즈음...

러시아에서 두 번째 주재생활을 끝내고 한국으로 돌아왔다.

2007년 이후, 나는 러시아와는 전혀 다른 문화의 지역과 국가(두바이, 포르투갈, 헝가리, 인도)에서의 주재생활을 하면서, 이들 지역에서의 사업성공 체험, 업무 프로세스와 시스템 그리고 인재육성의 실질적 경험을 쌓으며 글로벌 사업 시야를 키우기는 했으나 나와 러시아와는 관계는 15년동안 완전히 멀어지게 되었다.

2008년 리만 브러더스 사태로 인한 글로벌 금융 위기가 왔지만, LG 전자 러시아 법인은 상황이 안정될 때까지 러시아 시장에서 버텨냈다.

나의 50세 이후...

2021년 러시아로 다시 돌아왔다. 1996년, 2003년에 이어 세 번째로 돌아온 것이다. 어찌 보면 지금 이 순간의 러시아 생활이 인생에 있어서 내게 주어진 마지막 운명인지도 모른다.

러시아를 떠난 지 15년이 되었지만, 이번이 마지막 기회로 운명과도 같이 되돌아왔다. 지난 15년동안 거의 사용할 기회가 없었던 러시아어를 처음부터 배우고 싶었기 때문에 나는 모스크바 국립 대학교에 입학했고 사회 변화와 사람에 대한 깊은 이해할 수 있는 교육 과정을 선택하였다.

20대에 러시아에 처음와서 느꼈던 막연한 문화와 언어에 대한 갈증은, 계속 나 스스로를 더 앞으로 밀어내며 많은 러시아 사람들과 적극적으로 더 소통하게 하였고, 지금은 지정학적 이슈로 예전과 다른 사회적 변화의 새로운 경험을 하면서 LG 전자 러시아 법인과 나는 반드시 생존하겠다는 각오를 한다.

사실 거창한 수사적 표현이 필요한 것은 아니지만, 한국의 후배들과 다음 세대들에게 러시아 땅이 가진 광활함과 인생에 대한 깊은 성찰 그리고 개인 역량 확대와 사회적 책무를 다하는 책임감있는 인생을 경험하기 위해서 러시아를 이해하는 것이 반드시 필요하다는 생각을 한다.

어디에서 러시아와 같은 웅장한 호연지기를 키울 것이고 인간에 대한 폭넓고 깊은 고민을 할 것이며, 지나간 역사가 주었던 그 많은 교훈을 어디서 러시아에서 만큼 배울 수 있을 것인가?

지난 약 30년 동안의 나의 경험, 그리고 대부분이 러시아와 연계되었던 경험을

Мне около сорока...

Вторая командировка в Россию закончилась, и я вернулся в Корею. С 2007 года я работал в странах, совершенно отличных от нее по культуре: это ОАЭ (Дубай), Португалия, Венгрия, Индия. Совершенствуя бизнес-процессы, сосредоточившись на развитии человеческих ресурсов, приобретая международный опыт, я поднимался по карьерной лестнице. Но, расширяя деловые горизонты, я полностью отдалился от России на долгие пятнадцать лет. Позиции LG в России оставались такими же сильными, несмотря на мировой финансовый кризис 2008 года.

Мне больше пятидесяти...

Это стало моим третьим возвращением в Россию после 1996 и 2003 годов. В некотором смысле Россию можно назвать моей судьбой. Минуло пятнадцать лет с последнего отъезда, и, возвращаясь, я отчетливо понимал: это мой последний, но в то же время счастливый шанс. Именно поэтому я, наверстывая прошлые годы, возвратился к изучению русского языка, начав практически с чистого листа.

Поступив в МГУ, я выбрал определенную программу, давшую возможность еще глубже исследовать социальные изменения и понимать людей. То же огромное желание изучать культуру и язык, которое я испытывал в двадцать лет, впервые приехав в Россию, побуждает меня двигаться дальше, знакомиться и общаться со многими людьми. Несмотря на непростое время и огромное количество геополитических вызовов, я уверен — безо всяких высокопарных слов, — что компания, как и я, должна продолжать находиться здесь. Необъятность и величие этой земли, понимание России очень важны как для молодого поколения, так и для его потомков. Эта страна вдохновляет на поиск себя, учит широко мыслить, расширять взгляды и расти над собой, вести ответственную жизнь, осознавая свои обязанности гражданина в социуме.

Мне непросто держать в голове всё, о чем я думал тридцать лет. Однако я как будто собираю стеклышки для единой картинки калейдоскопа

통해 느꼈던 각 순간 순간의 시간은 정확히 기억할 수가 없다. 하지만, 그 저변에 흘렀던 나의 생각의 편린들을 하나하나 끄집어 내어 생각을 정리하고, 그 생각들 속에서 숨겨졌던 나의 내면을 찾아보았다.

비록, 이전에 개인적으로 시를 써 본 경험은 없지만 개인의 삶을 되돌아 보며 나의 생각을 정리하는 글을 쓰면서, 이 시가 러시아와 한국을 연결하는 문화적 다리 역할을 하고, 아울러 러시아에서 멋진 미래를 꿈꾸는 젊은이들을 위한 멘토링 자료가 될 수 있을 것으로 생각하며, 이 글을 마친다.

— здесь разрозненные фрагменты моих мыслей. И сам я прохожу через обновление, вижу себя нового, со стороны. Я никогда не писал стихотворений, это скорее мысли: я оборачиваюсь назад, оценивая свою жизнь, и облекаю опыт в слова. В то же время, думаю, притчи могут служить культурным мостом между Россией и Кореей, стать наставническим материалом для молодежи, мечтающей о прекрасном будущем России.

"내용 없는 사유는 공허하고,
개념 없는 직관은 맹목적이다."
엠마뉴엘 칸트
(순수이성비판)

«Мысли без содержания пусты, созерцания
без понятий слепы».
Иммануил Кант
«Критика чистого разума»

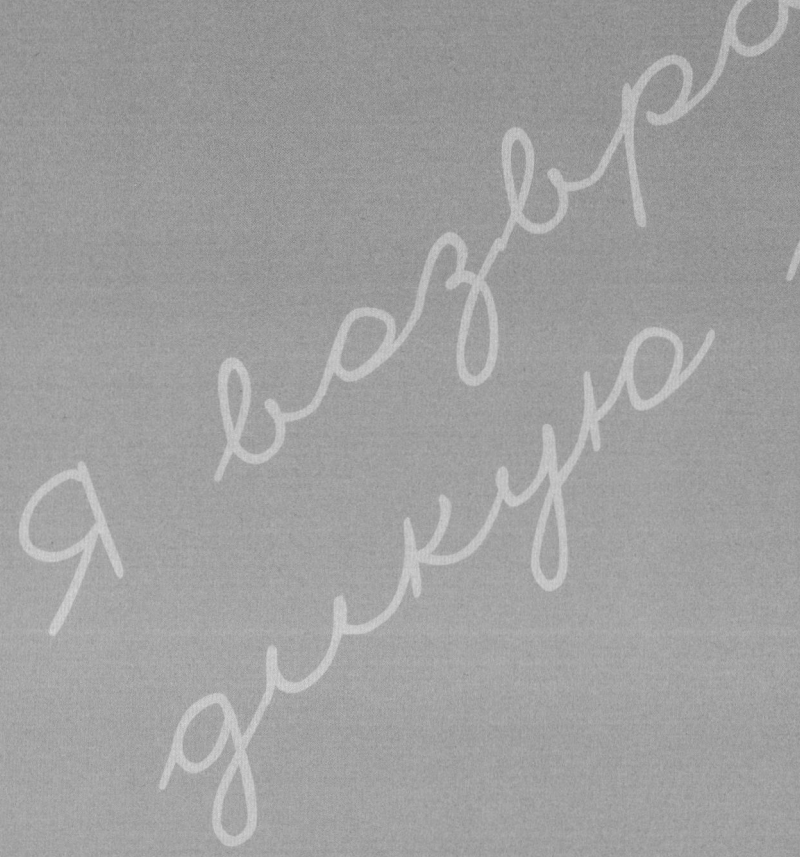

제 1 부
나는 야생으로 돌아간다

어린 소년

도시로 떠난 어린 소년은,

방학 때만 되면 핏줄을 찾아
시골 할아버지 집에 왔다.

우주의 암흑과 같이
어둠이 빼곡한 겨울 새벽,

어린 소년은 소변이 마려워,
잠이 깨어, 여닫이 문을 열고

빼꼼히 밖을 보니,

산속 이름 모를 동물의
애끓는 울음 소리는
짙은 어둠을 뚫고
퍼져나간다.

사랑방 안 화롯불,
새빨간 숯은 연신
탁탁 소리를 내며
타고 있었고,

할아버지는 연방 기침하며
곰방대로 화롯불을 툭툭 치며
어린 소년의 어둠의 공포를
함께 떨쳐주고 있었다.

어느덧,
어린 소년은
할아버지와 같은
나이가 되었지만,

우주의 암흑과도 같은
짙은 어둠은 주위를
아직도 감싸고 있다.

Мальчик

Мальчик, уехавший в город,
На время школьных каникул
Возвращается в сельский дом деда.
Мальчика влечет голос предков.

Зимний рассвет очень темен.
Мальчик хочет выйти из дома.
Робко откинув створку,
Ребенок выглядывает в сад.

Отзвуки криков диких животных.
Страшные звуки в расщелинах гор.

Красный уголь жаровни в саранбанге*
Громко потрескивает, ярко вспыхивая.

Дедушка стал кашлять,
Стуча длинной курительной трубкой.
Громкий звук побеждает жуткую темноту,
Которую боится мальчик.

Прошло время, и мальчик повзрослел.
Состарившись,
Он приблизился к возрасту дедушки.

Но, как и в детстве,
Порой его окружает густая,
Словно Вселенная, тьма.

---

* Саранбанг — приемная в корейскомтрадиционном доме для гостей-мужчин

산

예전에

멀리 우뚝 서있는
산을 오를 때면,

산이 가진
웅장한 힘과
세월의 변화와
무관하게

만물을 포용하는
너그러움에
주눅이 들곤했다.

그 산을
넘어본다는 생각은
상상도 못했고,

올라도 올라도
끝이 안보이는
산까지의 정상은
너무도 먼 길이었다.

시간이 지나고,
올라온 산의 높이가

예전에 내가 경외심을 갖고
올랐던 그 산이었는지

지금은 모르겠지만,

산에 올라 내려본
산 밑에는,

누구에겐가는 반드시
오르고 싶은 산들이

어깨 동무하면서
펼쳐져 있다.

나는 산이 되고 싶었다,

멀리 우뚝 서있던 산의

웅장함과 포용력을 닮아서,
그 산과 같이 되고 싶었다.

지금의 나는,

어떤 산도 되지 못했고,
어떤 산도 닮지 못하고,

산기슭에서 더 올라갈지
내려갈지 주저하며,

주변 산의 높이만
계산하고 있다.

Гора, или Путь наверх

Раньше она находилась в отдалении.
При подъеме чувствовалась величественная сила гор.
Время летит неутомимо, но я поражен гостеприимством,
С каким нас принимают горы.

Я помыслить не мог покорить эту гору,
Ведь даже если я буду идти вверх,
То всё равно не увижу вершину —
Столь долгим будет мой путь.

Шло время. Гора, на которую я поднимался,
Преодолевая страх высоты,
Открывала мне изумительный вид.

Горы, на которые людям хочется подняться,
Стоят горделиво и мощно в пространстве,
Как великаны, раскинув руки.
Я хотел быть такой горой.
Я хотел быть такой скалой,
Что возвышается вдалеке,
Как символ величия и всеохватности.

Я хотел походить на эту гору.

Но пока я не смог стать такой вершиной,
С которой ничто не сравнится.
Должен ли я продолжать идти наверх, стремиться ввысь,
Или лучше брести вниз, к подножию?
До сих пор колеблюсь...
И смотрю на другие горы, которые мне под силу одолеть сейчас.

흐르는 물

과거 흘렀던 물줄기는
현재 물길을 만들고,

미래 흐를 물길을 만들며
쉴새 없이 흐른다.

과거의 시간과 형체는
사라지고 흩어졌다가,

현재의 시간을 담아
형체를 만들고,

또다시 흩어지며
미래를 향해 흐른다.

사라져 존재가 없어진
과거는 되돌리지 못하고,

끊임없이 모습을 바꾸는
현재의 순간을 잡을 수 없고,

과거와 현재의
시간과 모습을 잊어버리며,
미래의 물줄기는 흘러간다.

현재 흐르는 물줄기에
발을 담그면,

과거, 현재
그리고 미래의 시간이
동시에 흐르며,

순간을 흐르는 물줄기 위로
영광과 좌절, 성공과 실패
모두 함께 흘러가고 있으나,

순간에 집착하는
인간들을 비웃으며,

물줄기는 순리에 맞게
흐르는 대로 흐른다.

Бегущая вода

Поток воды, зародившийся в прошлом, —
Залог создания ручейка в будущем.
Вода струится, не останавливаясь,

Меняя очертания вчерашнего дня.
Прошлый поток бежит в настоящее,
Чтобы, рассеявшись,
Думать о будущем.

Мы не в силах вспять повернуть прошлое,
Которое полностью исчезло,
Нам сложно поймать настоящий момент,
Постоянно меняющий облик.

Не помня времени,
Забыв о прошлом,
Не чувствуя настоящего,
Вода, журча, устремляется в будущее.

Окунув ноги в текущий поток,
Можно ощутить одновременно
Прошлое, настоящее и будущее.

Бегущая вода смывает
Мгновения славы и разочарований,
Успехов и неудач.

Поток воды величаво течет,
Смеясь над людьми, одержимыми
Лишь настоящим моментом.

나는 야생으로 돌아간다

깊은 어둠의 골짜기
태양이 떠오르며,

북 캅카스 높은 산에
굴곡을 만들어낸다.

힘들게 날갯짓 하던
독수리가 지쳐 쉬는
산 골짜기에는
늑대들이 산다.

오랜 시간 생존을
유지하던 늑대들은

한낮의 태양에 지쳐가며
골짜기에서 거친 숨을
몰아 쉬고 있고,

대지는 뜨거워져,
야생은 죽어있다.

뜨거운 태양이
힘을 잃고
어둠이 내리면
늑대들은 다시
으르렁거리고,

야생은 살아나리.

문명과 시간이라는
이름으로 쫓기며

울타리에 갇혀있던
몸과 영혼은

야생에서 피의 박동을
느끼며 살아난다.

늑대 위에 올라 타고,
산과 들을 달리는
나의 몸은

쫓아오지 못하는
영혼을 기다리며
가쁜 숨을 쉰다.

몸은 늑대를 타고,
영혼은 독수리에 앉아서

나를 억압하는
모든 것들로부터
자유로워지며,

나는
문명의 옷을 벗고,
야생으로 돌아간다.

Я возвращаюсь в дикую природу

Солнце поднимается из глубокой темной долины,
Создавая изгиб в высоких горах Северного Кавказа.

Волки живут в горных долинах,
Где орлы, уставшие кружить над горами,
Отдыхают от полета,
Сложив красивые мощные крылья.

Звери, выживающие на большой высоте,
Тяжело дышат, измученные полуденным солнцем.
Земля раскалена, дикая природа мертва.

Когда жаркий солнечный свет потеряет силу
И наступит темнота, волки вновь зарычат
И дикая природа оживет.

Условности общества, цивилизация и время
Словно накладывают цепи на душу и тело.
В дикой природе они оживают, чувствуя биение крови.

Оседлать волка, бегать, как он, по горам и полям —
Непросто человеческому телу.
Я тяжело дышу, ожидая свою душу.

Тело едет на волке, душа сидит на орле.
Свободный от всего, что меня угнетало,
Я сбрасываю одежды цивилизации,
Возвращаясь в дикую природу.

허수아비

땅에 곡식이 익고,
수확철이 되면,

농부는

곡식을 지키기 위해,
넝마를 입힌
허수아비를 세운다

농부가 만든
생명 없는 허수아비는

곡물을 쪼아대는
민첩한 참새를
무기력하게 바라보며,

잠 못 이루며
괴로워한다.

허수아비는

휑한 눈으로
밤하늘의 별을 보며
깊은 생각에 빠져들고,

교활한 참새를
쫓아내지 않는다.

밝은 태양이 비치는
위대한 순간을 보면서,

흰 산처럼 쌓아올린
풍족한 곡물의 추수를
기대하며 웃음짓는다.

추수가 끝나고,
농부는 무표정하게
허수아비 뼈대의
생명을 떼어내면,

허수아비 몸은 찢기고
들판에 버려진다.

영리하고 교활한
참새는 도망가고,

농부는
이른 봄과 추수철에
돌아올 것이다.

10년이 지나고,
10년,
또 10년이 지나면,

허수아비를
조용히 동정했던
어린 농부들이
이 땅의 주인이 되고

불쌍한 허수아비는
다시 살아난다.

Пугало

Когда на плодородной земле созревает зерно
И наступает летне-осенний сезон сбора урожая,
Земледелец сооружает пугало, одевает его в лохмотья,
Находит ему место на поле охранять пшеницу.

Казалось бы, безжизненное пугало,
Созданное руками фермера,
Тоже страдает, не спит, бессильно наблюдая
За шустрыми воробьями, клюющими чужой урожай.

Пустыми глазницами смотрит пугало
На черное небо, наблюдая за звездами,
Погрузившись в тяжелые думы,
Не разогнав шустрых птиц.

Пугало видит яркое утро,
Наслаждается чудесным мгновением.
Пугало улыбается
С надеждой на урожай,
На белоснежную гору муки.

Когда закончен сбор урожая,
Фермер срывает лохмотья с пугала,
Ломая палки и доски тела помощника, —
Теперь оно никому не нужно.

Хитрый воробей улетает,
А человек вернется лишь ранней весной
И позже, в сезон урожая.

Прошло десять лет, десять и еще десять,
И молодые земледельцы,
Молча сострадавшие пугалу,
Стали хозяевами этой земли
И оживили грустное пугало…

달팽이가 본 인생

나는
느릿느릿 기어가며,
기다란 더듬이로
세상을 바라본다.

느리게 기어가다 보면,

맑은 아침 햇살을 받으며,
이슬 방울로 아침도 먹고,

구름이 하늘을 가리면
풀 위에 올라가
햇살도 기다려보고,

비가 내리면
온 몸으로
흠뻑 비를 맞으며,

삶에 만족하고
충만함을 느낄 수 있다.

느리게 기어가다 보면,

왜,
집 앞 자작나무에는
여름과 겨울의 흔적이
하얗게 남아 있는지,

왜,
집 앞 전나무는
겨울에도 변함없이,
꼿꼿이 서있는지,

언제,
옆집 고양이가
집 앞으로 와서
먹이를 달라고
울어대는지,

내 주변의 사랑스런 비밀도
모두 알 수가 있다.

인간들은,
삶의 만족과 충만함을
가질 수 있는 방법을
쉽게 버리고

밖으로 뛰쳐나가,
경쟁하며,
질투하고,
갈등만 남기며

서로 모르는
비밀만 남긴다.

나는 느릿느릿 가면서,

빨리 뛰어가나,
천천히 기어가나
시간은 똑같이
흐르는 것을 모르는

그들을 비웃는다...

Мир глазами улитки,
или Возможность замедлиться

Я медленно ползу,
Подняв глаза высоко,
Глядя на окружающий мир.

Я неспешно передвигаюсь,
Наслаждаясь ясным утренним солнечным светом
И завтракая каплями росы.

Когда большие тучи закрывают небо,
Я заползаю на травинку,
Ожидая солнечного света.
Когда идет дождь и капли ощущаются всем телом,
Я чувствую довольство жизнью и наполненность любовью.

Двигаясь медленно, я понимаю,
Почему перед домом растет береза,
Будто символ летних зеленых следов и белых зим;
Почему ель перед домом даже зимой стоит неизменная.
Вижу громко мяукающего соседского кота,
Подходящего к дому и требующего еды,
Чувствую все таинства природы вокруг меня.

Люди,
Даже способные получать удовольствие от жизни,
Легко отказываются от простых решений.
Люди работают и гуляют, соревнуются, завидуют,
Придавая значение лишь конфликтам и секретам, не узнавая друг друга.

Пока я медленно передвигаюсь,
Время всё равно течет,
Независимо от скорости движения.
Я смеюсь над людьми — они не хотят знать этой простой истины.

첫사랑

어떤 글을
써야 할지 몰라서

작은 하트를 그려서,
곱게 접은 손 편지를
그녀에게 주었다.

편지를 열어본 그녀는
홍조띤 얼굴로 살짝 웃었고,
내 가슴은 두근거렸다.

우리의 사랑은 시작되었고,
내 몸속의 피는 뜨겁게
심장으로 흘러가며,

내 사랑은
풍선같이 커졌다.

그녀가 갸날픈 손가락으로
머리결을 가르면,

달콤한 향기는
사방으로 퍼지며

사랑의 향기는 가득했지만,

갓 시작된
첫 사랑의 기쁨보다는

완성될 수 없는
첫사랑의 슬픈 종말을

그녀는 알고 있다는 듯,

그녀의 눈은 항상
기쁨과 슬픔을 담고 있었다.

그녀의 슬픈 생각은
사실이 되어,

사랑의 피는 식었고,
꺼진 풍선은
하늘로 날지 못했다.

이뤄질 수 없는 사랑에도
아름다움은 남는다.

심장을 뛰게 했던
그녀의 눈웃음은
내 눈 앞에
정지되어 남아있고,

매 순간 간절했던
그 순간의 기억들은

아직도, 내 혈관을 돌며
심장에 남아있다.

Первая любовь

Я не знал, что писать девушке,
Которую, мне казалось, я люблю,
Поэтому я застенчиво рисовал маленькие
                                      сердечки,
Чтобы показать свою любовь,
               не умея облечь ее в слова.

Я отдал ей письмо, написанное от руки.
Она открыла
И слегка улыбнулась, а ее щеки слегка
                                покраснели.
Мое сердце колотилось.

Наша любовь началась,
Кровь словно билась в венах.
Проходя сердце насквозь,
Любовь росла, как воздушный шар.

Своими тонкими пальцами
Она распустила волосы,
И полился еле уловимый нежный аромат,
Полный чувств.

Но радость только начавшейся первой любви
Идет рука об руку
С печалью первых чувств, которые помнишь
                                    вечно.
Девушка как будто чувствовала конец любви.
Ее глаза всегда со мной.
Светятся радостью и печалью.
Ее грустные предчувствия стали правдой:
Жар любви остыл,
И шар не смог подняться в небо.
Улыбка, которая светилась в ее глазах,
От которой жарко билось сердце,

Остается в моей памяти
И словно стоит перед глазами.
Воспоминания о тех моментах,
Когда я ждал каждое мгновение,
Так и живут в памяти,
Циркулируя по венам и оставаясь
                              в сердце.

가면 쓴 세상

내겐 5개의 가면이 있다.

삶이 어렵고 슬퍼지면

나는 웃음의 가면을 쓴다.
삐에로의 웃음이 내면의
슬픔을 감춘다.

성공적인 삶을 향한 욕망은

무위의 가면을 쓰면,
일상의 평범함으로 감춰진다.

타인에 대한 질투와 증오는

담담한 가면을 쓰면,
나는 대범한 사람이 된다.

사랑하는 이를 만나면

무관심의 가면을 쓰고,
감정을 숨기며,

나는

책임과 관심으로부터
도망친다.

삶에 대한
책임이 무거워지고,

매일 같이 어깨를 짓누르는

중압감에서 벗어나고자,

나는 무표정의 가면을 쓴다.

매일 지친 일상의 삶에서,
5개의 가면을 돌려쓰며,
달라지는 페르소나를 바라보면,

누가
진정한 나인지 알 수 없다.

내겐 5개의 가면이 있다.

변화하는 나의 모습에
세상도 속고,

타인의 가면 쓴 모습에
나도 속는다.

매일 같이
속고 속이는 세상

내일은 어떤 가면을 써야 할까?

Мои пять масок

Когда жизнь кажется трудной и грустной,
Я надеваю маску смеха.
Хохот клоуна,
Скрывающий печаль.

У маски отстраненности своя роль:
Стремление к успеху
Скрываю под банальностью
Обычной жизни.

Умение скрыть неприязнь
Дарит маска спокойствия,
Делая меня смелым и независимым.

Когда встречаю кого-то, кого люблю,
Возможность скрыть чувства
Дает холодная маска безразличия.

Может, так мы прячемся от ответственности и внимания.

Бремя скоростей и решений.
Бремя вызова и испытаний.
Тяжесть на плечах современника.
Невыразительная маска скрывает давление.

Калейдоскоп пяти масок.
Скрытая личность под этим покровом.
Изменяющаяся природа человека.
Кто же я на самом деле?
Ответ неведом мне самому.

У меня пять масок.

Мир обманут моей изменчивой внешностью,
Я тоже обманут психологическим маскарадом других.
Мир, где живет ежедневный обман.

Какую маску мне надеть завтра?

우리가 찾는 진짜 보석
- 가족에 대한 사랑

우리는
전 일생을
보석을 찾아 떠난다.

물질적 가치만
중요시하는 사람들의
안주머니에는
탐욕, 시기, 악의적 질투가 있다.

때로는
높은 명성과 돈이
진짜 보석일 수 있지만,

찾는 시간은 길고, 길은 멀다.

태어나고 늙어가는 모두에게
똑같이 나눠준 시간의 다이아몬드,

옆에서 빛나건만 보이지 않는다.

하루를 시작하는,
일출이라는 황금,

하루의 끝을 보여주는,
석양이라는 사파이어,

밤 하늘 새하얀 보름달의
진주 무게는 얼마일까?

우리는 모두
같은 보석들을 갖고 있다.

가볍고 부드럽게 부는 산들 바람,
코끝을 간지럽게 하는 꽃의 향기,

사랑스런 그녀의 미소 짓는 얼굴,
타인을 위한 봉사와 헌신,

하루의 일을 마치고
집으로 돌아가면,
기다리는 가족의 평화.

우리는
항상 옆에서 빛나는
진짜 보석을 찾지 못하고,

안주머니에 주워 담을
시기, 질투, 탐욕이라는
가짜 보석을 찾아 헤맨다.

배려와
가족에 대한 사랑은

가만히 놔둬도,
보석이 되어
우리 목에 걸려있다.

Истинные ценности
- Посвящается семье

Всю жизнь мы ищем драгоценные камни.

Люди, ценящие лишь материальное,
Подобны небольшим мешочкам за пазухой.

Жадность, зависть, отравляющая ревность
Порой заставляют думать, будто слава и деньги —
Настоящие драгоценности
И следует тратить время, чтобы их отыскать.

Истинная драгоценность — ВРЕМЯ. Вот бриллиант,
Розданный судьбой всем поровну.
Он незримо сияет
Всем, кто рождается, взрослеет, стареет.

Нам не дано взвесить золото — восход солнца,
Оценить сапфир — закат, завершающий день.
Каков вес жемчужины — чисто-белой округлой луны?

Все мы обладаем одними драгоценностями.

Они — в дуновении легкого и нежного ветерка,
В аромате цветов, щекочущем нос,
В милом улыбающемся лице,
Освещаемом верностью и любовью,
В ожидании твоего возвращения,
В атмосфере уюта, покоя.

Рядом сверкают настоящие драгоценности,
А мы бродим в поисках фальшивых,
Храним их за пазухой,
Полны зависти, ревности, жадности.

Берегите семью:
Лишь вместе драгоценные камни
Становятся ожерельем…

내 영혼의 휴식

불필요한 고민과 걱정이
여러 겹으로 쌓이면서,

나를 누르고 있다.

육신은 병들고,
영혼은 지쳤다.

내 몸이 아프니,
다른 사람 아픈 것이
눈에 보인다.

태어나고, 늙고, 병들고, 죽는
운명을 모두 갖고 있는데

이미 껍데기가 된
낡은 육신 위에,

지친 영혼을 달래줘야
힘을 낼 수 있다.

아픈 몸을 눕히고,
잠을 자는 동안,
고민과 걱정은 잊혀지지만,

내 영혼은

지쳐 쓰러진 실루엣으로
꼼짝하지 않는
나의 몸뚱이를

계속 쳐다보고 있다.

내 영혼은

하늘 위에서 말을 타며,
날아 다니며
어둠의 실루엣을
걷어낸다.

낡은 몸뚱이는
쓰러져
정신 없이
자고 있고,

솟아오르는 영혼은

뮤즈의 가슴 위에서
안식을 취하며
힘을 얻는다.

Дать отдых душе

Ненужные заботы, тревоги, волненья,
Возникая и накладываясь друг на друга,
Давят на меня.

Тело изможденно, душа устала.
Я испытываю тяжесть
И могу сочувствовать, ощущая, как кто-то другой болеет.

Судьба у всех одна: родиться, состариться, заболеть, умереть.
Немолодому телу,
Чья душа словно прячется в раковину,
Необходимо успокоить уставшую душу,
Чтобы она снова смогла набраться сил.

Как только ложусь, закрываю глаза и засыпаю, заботы
И огорчения, накопившиеся за много лет, забываются.

Видя со стороны и ощущая свое лежащее тело, моя душа,
Неподвижный расплывчатый силуэт,
Пристально вглядывается в меня.

Душа словно мчится верхом на скакуне по небу,
Разметая очертания тьмы.
Немолодое тело продолжает находиться в забытьи.
Воспарившая душа черпает силы на груди у Музы.

미로에 서서

내 앞에
여러 갈래의 길이 있다.

조심스럽게
발을 떼며
장미꽃이 만발한
아름다운 길로
걸어간다.

아름다운 꽃과
향내는 달콤했지만,
꽃은 꺾여 있고
길은 막혔다.

되돌아와서,
넓은 길로 걸어간다.

길은 넓고 편하지만
사람들로 넘쳐나고, 막혀서
더 이상 갈 수가 없다.

되돌아와서,
좁은 길로 걸어간다.

천국으로
가는 길처럼 좁아지며
비밀의 문이 나온다.

좁은 문으로는 갈 수가 없다.

되돌아와서
다시 갈래길에 서 있다.
처음은
쉽게 열려 있지만,
가고자 하면
항상 끝이 막혀있는 길..

바쁜 발걸음으로
길을 재촉하지만,

각자의 다른 이유로,
가야 할 방향을
찾지 못하고
미로에 서있다.

미로를
나가려 했던가?
미로로
들어가려 했던가?

여러 갈래길은
미로가 되고,

나는 여전히
길을 못 찾았고,

새로 길을
만들고 있다.

Запертый в лабиринте

Впереди у меня много путей.

Один — легкий, устланный розами.
Иду по красивой тропе,
Вдыхая сладость аромата цветов,
Но вижу соцветия сломанными,
А дорогу — перегороженной.

Возвращаюсь назад —
Иду по широкой дороге.
Путь большой и удобный,
Но слишком много людей,
И вновь она заблокирована —
Не могу пройти.

Опять возвращаюсь назад.
Начинаю путь по узкой тропе.
Словно дорога в рай,
Она сужается, ведя к потайной двери.
Невозможно протиснуться в узкий проход.

Возвращаюсь назад
И снова стою на развилке.
Путь лишь сначала кажется легким.
Люди торопятся вперед разными дорогами,
Но по многим причинам все стоят в лабиринте
И не могут найти верное направление.

Вы пытались выйти из лабиринта?
Вы пробовали войти в лабиринт?

Множество вещей и путей превращается в лабиринт.
Я всё еще не могу найти свою дорогу
И продолжаю обдумывать свой собственный путь.

흰 눈 밑의 생명

오늘 모스크바 겨울
체감 온도 -28도.

겨울이 오면,
대지는 얼어붙는다.

나는
왜 이 추운 겨울의
모스크바를 사랑하는가?

아마도,
추운 겨울을 버티는
눈 밑 생명들이,

겨울 잠을 자면서
봄을
기다리는 것을
알고 있기 때문일 것이다.

아마도,
추운 겨울과 같은
혹독한 역사의 시련을
이기고 살아 남은

모스크비치들의
끈질긴 생명력을
알기 때문일 것이다.

지금 이 땅에는
더 가혹한 추위가 왔고,

먹이를 찾는
맹수들의 발자국은
눈 위에 어지럽게
퍼져있는데,

살아 남고자 하는 생명들은
깊이 쌓인 눈 밑에서
조용히 잠을 자고 있다.

Я знаю: под снегом есть жизнь

Зимняя температура в Москве минус двадцать восемь.
Наступает холодный сезон.

Земля замерзла.
Почему я люблю Москву этой студеной зимой?
Возможно, потому, что знаю: жизнь зимой просто
Спит под снегом,
Ожидая весны.

Возможно, потому, что знаю о неутомимой
Жизнестойкости москвичей и жителей других городов,
Которые пережили суровые испытания истории
И такие холодные зимы.

Сейчас на землю пришли еще более суровые холода,
И на снегу отчетливо видны следы хищников,
Ищущих добычу.
А та жизнь, которая вновь проснется, преодолев
Суровую непогоду,
Глубоко спит под пластами белоснежного снега.

소셜 네트워크, 메신져

알림 소리와
신호가 뜨고,

어딘가의 누군가가
SNS에 올리고,
메신져를 보내면,

나는
그들의 삶과 생각을
은밀하게 숨어서 본다.

바르게 살라는
훈계와 교훈,
자연의 정직함,
더불어 살아가는 인생사

대상의 욕망을
충족시키려는
달콤한 말과 글들,
쾌락을 유혹하는 몸짓들.

0과 1의 Digital모습으로,
쉴새 없는 알람 소리로
세상 모두에게
메시지로 보내진다

온라인에서 삶은

쉽게 Send, Copy & Paste,
Transfer되고, Delete된다.

지금 내게 필요한 것은,

얼굴을 맞대고,
눈을 바라보면
서로 이해하고
사람과의 대화를
느낄 수 있는,
사랑스런 말소리이다.

즉석 사진, 온라인 상
차가운 대화가 아니고,
진실한 삶,
춤 같은 열정적 만남,
열린 마음의
따뜻한 대화이다.

온라인은 찬바람 같고,
오프라인은 부드러운
고양이 털을 만지는 것 같다.

Copy된 온라인의
쉬운 사랑이 아니고,

나의 뮤즈가 되어
끊임없이 영감을 주는
사랑스런 Soul이다.

어딘가의 누군가가 올린
끊임없는 SNS와
메시지를 읽어가며,

아름다운 단어와
영혼이 담긴
메신져를 골라낸다.

В мире соцсетей и мессенджеров

Раздаются звуки и сигналы уведомлений.
Значит, кто-то разместил пост в соцсетях
Или отправил сообщение.
Я прячусь и лишь наблюдаю тайно
Жизнь и мысли людей.

Там отдельный мир: предостережения
                                               и наставления,
Как жить правильно, честно.
Истории совместной жизни, достижения
И удовлетворение целей и желаний.
Добрые слова и сочинения,
Эмодзи, сулящие радость.

Прежние письмена меняются на электронные
                                               биты 0 и 1,
Звуки сообщений раздаются постоянно,
Отправляя мысли людей по миру.

Жизнь онлайн видится простой:
Отправлено, скопировано, вставлено,
Перенесено и удалено.

Что мне сейчас нужно, так это
Встречи лицом к лицу, глаза в глаза,
Взаимное понимание и человеческая речь —
Самые прекрасные звуки.

Не моментальное фото,
Не холодное онлайн-общение,
А искренност ь живого.
Встречи — как танец,
Беседа — как откровение.
Онлайн — как холодный ветер.
Офлайн — как прикосновение шелковой
Теплой кошачьей шерсти...

Выйти из сети — она лишь копирует отношения.
Ощутить себя живым.

Игры в любовь легко переносят
                             из интернета,
Но теряется искренность...
Любящая душа — вот что должно
                             вдохновлять...

Кто-то где-то общается
                             и размещает посты.
Я же подбираю прекрасные слова,
А душу считаю посланницей.

작동을 멈춘 손목시계

설정된 알람 시간은
나를 지배한다.

시간에 끌려다니기 싫어서,
손목시계를
책상에 버려뒀다.

버려진 손목시계는
작동을 멈추고,
시간도 멈췄다.

내 손목시계는
작동을 멈췄지만,

나는 여전히
아침 알람에 일어나고
시간에 지배받는다.

멈춘 손목시계의
태엽을 돌린다.

뒤로 돌려도
과거는 돌아오지 않고,
앞으로 돌려도
미래는 오지 않는다.

재깍재깍 거리며
손목시계는 작동하지만,

버려진 손목시계에서
멈췄던 시간은

과거인가,
현재인가,
미래인가?
시간의 통제로부터

매일 같이 도망 다니는
꿈을 꾸었지만,

나는,

어느 순간에
눈은 침침해지고,

새까맣던 머리 숱은
하얗게 변했다.

시간은 완벽하게
나를 지배하고 있었다.

Наручные часы, которые остановились

Я ставлю будильник, и он контролирует меня.
Я сопротивляюсь власти времени,
Я оставил свои наручные часы на столе.
Брошенные, они перестали работать,
И время остановилось.

Мои наручные часы затихли.
Но я по-прежнему утром встаю по будильнику,
И мной всё так же управляет время.

Взгляните на головку замерших часов.
Даже если я поверну ее назад,
Прошлое не вернется.
А если прокручу вперед,
Будущее не наступит.

Наручные часы начинают тикать…
Но что скрыло остановившееся время,
Когда я бросил часы на столе, —
Прошлое, настоящее или будущее?

Каждый день я мечтал убежать от власти времени.
Но однажды глаза мои поблекли,
Волосы поседели.
Время полностью подчинило меня себе.

삶의 아이러니

창 밖엔 눈이
깊게 쌓여있다.

밖이 보이는 창가에서,

눈 속 굶어 죽을 수 있는
새들을 위해
먹이를 준비했다.

선의로 준비한
먹이를 보고 날아온 새가
조심스럽게 접근했다가

나를 보고 놀라서
급히 날아간다.

삶과 죽음을 생각했던
찰나의 본능적 행동이다.

창밖 눈위에는
어젯밤 먹이를 찾았을
길고양이 발자국이 남았다.

창가 근처까지 왔다가,
왜 준비된 먹이가 없는지
"야옹"하고 서운해 했을 것이다.

나의
사랑과 구원에 기반한
선한 생각과 행동이 의심받고,
원망받는 까닭은

나의
원하는 시점과 공간에
그들에게
사랑과 구원의 손짓을 보여주었지만,

새와 길고양이에게는
삶과 죽음의 사이에 있던
절박한 시간과 공간을

내가
배려하지 않았음을
탓하는 것이리라.

주는 사람의
사랑과 구원도

받는 사람의
의심과 원망을 받는

인간 세상 삶의
아이러니와도 같다.

Ирония жизни, или Две стороны медали

За окном природа, покрытая снегом.
Я смотрю в окно на птиц, которые могут замерзнуть
Умереть от голода в снегу,
И насыпаю им пищу.

Увидев корм, подаренный от чистого сердца,
Птица осторожно приближается, но,
Увидев меня, вздрагивает и быстро улетает.
Это инстинкт живого существа,
Подумавшего о жизни и смерти.

На снегу за окном — следы бездомной кошки,
Которая прошлой ночью нашла свою добычу.
Видимо, она ходила у окна, вопрошая,
Почему не приготовлена еда,
И мяукала от разочарования.

Мои добрые намерения и поступки
Вызвали опасение и недоверие,
Несмотря на искренность жеста
И стремление помочь.

Возможно, я не учел критического понимания
И временной дистанции между жизнью и смертью
Вольных птиц и бездомных кошек.

Любовь и желание дающего спасти
Часто вызывают подозрения у получателя.
То же самое происходит и с людьми.
И в этом тоже проблема и ирония.

진정한 나를 찾아서

한여름 가뭄이 오면,
풍요롭던 강은,
바닥을 보이며,

강물이 보듬어 왔던
고통의 찌꺼기들의
진짜 모습이 드러낸다.

풍성한 잎을 나부끼며,
살랑이던 자작나무는
겨울에 나목이 되며,

힘들게 버티며 몸에
새겨왔던 고통의
진짜 상처를 보여준다.

가뭄의 강바닥이 갈라지고,
봄의 자작나무가 눈물 흘리고,
겨울에 나목이 될 즈음,

거울을 보면
진짜의 나를 본다

우리 몸에 걸친
위선, 거짓 옷을 벗으면,
진정성과 진짜 모습이
나타나지만,

그들은 그저 몸에 걸친
옷자락만 만지작 거리며
벗고 입기만을 반복한다.

거울 앞에 서서,
위선과 거짓의 옷을 벗고
나신이 되어,
진정한 나를 찾게 되면,

마음 속에 새겨졌던
수많은 고통의 찌꺼기와
상처들이 비로소,
모습을 드러낸다.

Найти себя настоящего

Когда в середине лета наступает засуха,
Полноводная река пересыхает от жары,
Русло обнажает дно, полное ила и грязи, —
Раскрывается сущность,
Аккуратно скрываемая рекой.

Трепещут облетающие с дерева листья,
Лишь береза качается в такт ветру.
Черные отметки на белом стволе.
Зимние раны и боль на теле дерева.

Когда в зной на дне реки видны трещины,
Когда весной льется сок березы, словно слезы,
И когда зимой ствол становится голым,
Я вижу истинного себя, глядя в зеркало.

Если люди снимут с себя покрывало фальши,
Одежду из лицемерия,
Наступит торжество подлинности.
Но люди не решаются и лишь,
Потупив взгляд,
Теребят подол своей одежды,
Снимают и вновь примеряют ее.

Важно встать перед зеркалом
И скинуть наряд из лжи,
Оставшись одетым в голую правду.
Так вы обретете себя настоящих,
Пусть и с ранами-отпечатками на сердце.

그 날이 오면

그 날이 오면

그 날이 오면,
난 남들이 규정한
정의와 진리에 대한
생각을 다시 할 것이오.

정의란
모두가 생각하는
진실에 맞는 도리요,

진리란
누구나 당연하게 생각하는
보편적인 사실인데,

우리는 왜,

남들이 생각하는
정의와 진리에
집착하고 있는지
생각할 것이오.

그 날이 오면,

난 그토록 찾아 헤맸던
삶의 이정표를 찾아서

남은 삶의 여정을
주도하며 살 것이오.

나의 생각과 삶의 철학이
다른 생각과
다른 삶의 철학이 함께
부딪히며 만들어졌던
삶의 치열함과 부조리는,

이미 극복할 때가 되었음이오.

그 날이 오면,

난 레닌스키 프로스펙트,
유리 가가린 동상을 보며,
용기 있는 선구자가
얼마나 어려운지 느끼면서

30년 전 우주를 생각하며
만들었던 나의 러시아 이름,
Yuri에 대한 자부심을
가질 것이오.

그 날이 오면,

매년 5월 9일
"불멸의 연대"처럼
트베르스카야 거리로
뛰쳐나가 엄숙하게
침묵의 행진을 할 것이오.

누가
그 날이 오기를
두려워할 것이고,

누가
함께 행진할 것을
주저할 것이오.

삶은 반복되고
진리는 영원하며,
역사는
우리의 손으로 만드는 것.

스스로를 믿고 우리의 힘으로 현실을
두려움 없이 대응한다면,
그 날은 반드시 올 것이오.

Когда этот день наступит, или Вера в себя

Когда этот день наступит…

Я думаю о справедливости и истине —
Понятиях, определенных другими.
Справедливость — доктрина,
Соответствующая истине,
А истина — универсальный факт,
Само собой разумеющийся.
Так почему же мы одержимы тем,
Что думают другие о справедливости и истине?

Когда этот день наступит,

Я найду тот путь, который искал,
И пройду отведенные мне дни самостоятельно.

Настало время преодолеть жестокость и абсурд жизни,
Возникающие, когда мои мысли и жизненная философия
Сталкиваются с чужими мнениями и понятиями.

Когда этот день наступит,

Я взгляну на памятник Гагарину на Ленинском проспекте
И почувствую, как непросто быть первопроходцем.
Я буду гордиться своим русским именем Юрий,
Которое придумал тридцать лет назад, думая о космосе.

Когда этот день наступит…

Я чувствую это ежегодно Девятого мая,
Когда с «Бессмертным полком» шагаю по Тверской.
…Путь в торжественном молчании.

Кто убоится наступления этого дня
И кто усомнится, идти ли вместе?
Жизнь повторяется, истина вечна,
А история — то, что мы создаем своими руками.

Если мы поверим в себя и воспользуемся своей силой,
Чтобы смотреть в лицо реальности без страха,
Этот день обязательно наступит.

벽

저 멀리 벽이 서 있다.

한 발 한 발 걸어서
벽 끝까지 갔다.
타인들도
벽 끝에 와서 섰다.

누군가 그 벽을
오르고자 한다.

그 누군가의 어깨를 넘어서
또 다른 누군가가
더 높이 오르려 한다.

모두가
서로의 어깨를 넘어서
더 높이,
더 높이 오르려 한다.

누군가가
벽의 끝까지
마침내 오른다.

그 손을
벽의 끝에 올리고,
승리의 표정으로
얼굴을 올린 순간,

상대
벽의 끝에서
올라 오는
다른 얼굴이 있다...

Стена, или Бесконечное соревнование

Вдалеке возвышается стена.

Я шел шаг за шагом, пока не подошел к ней
Вплотную.
Вслед за мной к стене направлялись люди.

Кто-то хотел взобраться выше,
Вставая на плечи других,
Возвышаясь над стоящей толпой,
Карабкаясь наверх.

Кто-то добрался до верха,
Горделиво облокотился на стену,
Глядя вперед с торжествующим видом,
Как вдруг увидел человека,
Так же поднявшегося с другой стороны стены.

감정의 마그마

인간들의
복합된 내면으로

감정의 마그마가
끓어 오른다

층층이 각각의
내면에 쌓여있던,
욕망, 사랑, 질투,
시기심, 분노, 투쟁

감정의 마그마는
터지고 땅을 뚫고
하늘로 치솟는다.

회색 화산재는
무서운 기세로
분노와 투쟁을 내뱉으며,
욕망, 사랑은
심장을 뱉어내고,

질투, 시기심과 함께
용암으로 흐르며,
주위 생명에게
죽음을 선언한다.

인간의 감정은,

내면의 땅속에
마그마로 뭉쳐서,
언제든 솟구쳐

폭발하는 화산 같다.

통제할 수 없는
감정 마그마의 폭발은
심장 박동을 멈추고,

회색빛 재는
하늘의 생명을 빼앗고,

새빨간 용암은
땅의 생명을 빼앗는다.

인간들은,

주변 사람들
얼굴에서 터지는
마그마의 폭발은 못 보고,

먼 땅의 화산과 마그마
폭발만 우려한다.

Магма эмоций

Сложные человеческие эмоции
Превращаются в магму, вскипая.

Желания, любовь, ревность, зависть,
Гнев и борьба —
Всё, наслаиваясь, накапливается внутри.
Магма эмоций взрывается,
Раскалывая земную кору,
И взлетает в небо.

Серый вулканический пепел
Словно выбрасывает борьбу и ярость,
Подавляя всё вокруг.
Желание, любовь — всё попадает в лаву,
Разрушая сердце, истекая завистью,
Уничтожая живое.

Взрыв человеческих эмоций —
Словно магма, плавящаяся глубоко в земле.
Она способна взорваться в любую минуту.
Взрыв магмы прерывает биение сердца.
Серый пепел словно гасит цвет неба.
Алая лава уносит жизни.

Люди не видят или не замечают
Взрыва магмы-эмоций на лицах других,
Тех взрывов, которые происходят рядом.
Их беспокоят лишь извержения
Далеких вулканов в неблизких странах.

내면의 세계를 찾아서

글을 쓴다는 것은
가장 작은 확률로
독창성을 찾는 행위이다.

말을 한다는 것은
가장 높은 확률로
가능성을 찾는 행위이다.

창의적 생각,
정제된 단어의 선택은
타인으로부터 나를 분리시키고,
나의 정체성을 찾는 과정이다.

남의 말을 옮기고
남의 글을 베끼는 사람이
심오한 속 뜻을 이해하고,
원대한 꿈을 함께 이뤄낼까?

의미 없는 말들과 글들이
사방에서 튀어 나온다.

경솔한 말을 듣고,
진정성 없는 글들이
피곤한 눈앞에 어른거리면,

나는 눈과 귀를 씻고,
레닌스키 도서관으로 향한다.

책을 손에 들고
위대한 책 사이를 걸으며,
고전의 지혜를 들으면서,
도서관 녹색 전등갓을 본다.

그리고,
나만의 내면 세계를 찾는다.

В поисках своего внутреннего мира

Творчество для писателя —
Сложнейший путь.

Красиво говорить,
Имея дар убеждения,
Куда проще.

Сочинительство —
Иной способ мыслить.
Филигранный отбор слов —
Мое отличие от других и процесс
Обретения индивидуальности.

Могут ли передающие чужие мысли,
В состоянии ли копирующие чужие труды
Понять значение рассуждений?
По пути ли мне с ними для воплощения мечты?

Бессмысленные слова, пустые строки
Плывут перед усталыми глазами.

Но я лишь отмахиваюсь от них,
Направляясь в Великую Библиотеку.

Рукой прохожусь по прекрасным книгам,
Внимаю мудрости классических строк,
Смотрю на зеленые абажуры ламп
И слушаю лишь внутренние мысли.

북아프리카에서

알제리의 어느 여름날,
바닷가 태양이 너무 눈부셔
살인을 했던, 알베르 카뮈 소설 속

"이방인", "행복한 죽음", 주인공,
그는 뫼르소였다.

세상 부조리에 반항하고,
자기 자신의 서글픈 운명의
불합리에 대항하며,

자신의 가치를 찾으려 했던,
알제리 여름 태양이
바로 앞에 있다.

카사블랑카 영화 속

1942년 카사블랑카 여름
옛 사랑했던 여인,
잉글리드 버그만을 찾은 그는
험프리 보가트였다.

파리에서의 놓친 옛 사랑을,
카사블랑카에서 찾은 옛 사랑을,
헤어질 수 밖에 없었던

서글펐던 카사블랑카
여름 태양이 바로 앞에 있다.

1942년,

운명과 부조리에 반항하던
알제리의 뫼르소가 바라보던
뜨거운 태양이 있었던,

옛 사랑을 찾고 헤어지던
카사블랑카 험프리 보가트가
바라보던 서글픈 태양이 있었던,

북아프리카의 여름날,

2008년,
운명에 대해 순종하며,

세상사의 부조리에
대항 못하고 떠났던,
러시아와

아스라히
사라진 그리움을 안고,

나는,

눈부신 태양에
눈을 감아버린다.

В Северной Африке. 1942–2008

Жаркий летний день в белоснежном Алжире.
Палящее солнце на морском берегу
Слепит глаза убийце Патрису Мерсо.
Так оживает роман «Счастливая смерть».
Под солнцем рождается повесть Альбера Камю.

Касабланка… Я ощущаю погружение в фильм,
Остро сочувствуя герою саги.
В жарком Алжире под солнцем Африки,
Вдалеке от любимой страны,
Он бросает вызов своей печальной судьбе,
Обретая достоинство действием.

В раскаленный полдень сорок второго
Рик, Хамфри Богарт, вновь встречает любовь —
Прекрасную Ильзу, Ингрид Бергман.
Старая любовь, потерянная в Париже,
Старая любовь, обретенная в Касабланке.
Расставание — единственный выбор.
Благородство и честь превыше любви.
Печальное солнце смотрит вниз.

В сорок втором смотрят на жаркое небо глаза
Убийцы Мерсо, восставшего против судьбы,
Хамфри Богарта, обретающего и теряющего любовь.
Я в две тысячи восьмом, затерявшись в Северной Африке,
Вновь разлучен с любимой Россией.

Покорившись судьбе,
Не противостоя абсурду мира,
Я тоскую о старой любви
К ускользнувшей надолго стране.

Вновь закрываю глаза под ослепительным солнцем.

딜레마

폭설이 내린다.

레닌그라드스키 프로스펙트는
집으로 가는 돌아가는 차들로
꽉 차있다.

앞 방향으로
핸들과 바퀴는 멈췄고,

뒷 방향에서는 정체를 못참고,
다른 차들이 선을 넘고,
나를 넘어서 먼저 달려간다.

내가 길을 양보하니,
다른 많은 차들도
재빠르게 선을 넘는다.

우리의 본성은
부귀, 명예, 사랑을

빨리 만들고 싶은
욕심으로 가득찼고,

항상 일과 사랑,
일상의 생활에서

욕망과 절제의
경계에 서서

스스로의 본성을
숨기고 있지만,

내면에 감춰진
욕망을 숨기는 것은
쉬운 일이 아니다.

폭설이 내리면,

사람들 내면의 욕망은
절제의 경계를
쉽게 넘어선다.

나를 억제했던
모든 절제의 경계를 넘고,

나도 뒤를 따라 선을 넘는다.

Постоянная дилемма

Сильный снегопад.

Впереди дорога на Ленинградский проспект
И машины, стремящиеся вернуться домой.

Колеса крутятся медленнее,
Снижается скорость, всё останавливается, пробка...
При виде большого движения
Водители теряют терпение, резко перестраиваясь
В левый ряд, пересекая прямую белую полосу,
И теперь едут впереди меня.

Я пропускаю эти машины, оставаясь в пробке,
Двигаясь по своей разрешенной полосе.

Природой в человека заложено желание
Как можно быстрее обрести богатство, славу и найти любовь.

Всегда в работе, жизни и любви,
Мы стоим на границе между жаждой быстрого исполнения желания
И умением обуздывать его, ждать и терпеть.
Я тоже его скрываю.

И хотя люди прячут свою истинную природу,
Нелегко сдерживать то, что таится внутри.

Сильный снегопад,
Словно триггер, обнажил дилемму людей:
Ожидать, терпеть — или изменить путь,
Легко переступив границы.

Я тоже хочу пойти наперекор терпению,
Разорвав цепи равнодушного спокойствия
И всего, что сдерживает меня.
Я резко поворачиваю руль влево
На полосу и за машиной с мигалкой
Мчусь вперед.

운명의 회전판

운명의 회전판을
첫 번째 돌린다.

회전판은 서서히 멈추며,
화살 끝은 나를 향하고,
비로소
내 인생이 나타난다.

운명의 회전판을
두 번째 돌린다.

화살 끝은 또 나를 향한다.
회전판은 돌면서,

운명은
옛날부터 예정된
누군가를 찾는다

운명의 회전판을
세 번째 돌린다.

삶과 인간의 선택은 동일하다.

나와 그, 그녀의 운명은
각각의 운명을 선택한다.

미래와 운명은 속일 수 없다.

운명의 회전판은
돌고 돌고 또 돈다.

숙명같이 인간의 삶은,
우여곡절, 좌충우돌,
오르락 내리락한다

중요한 것은
빠른 회복과 성공을 위한
선 순환이다.

당신은
어떤 운명을 기다리는가?

Стоя перед колесом судьбы

Попробуйте вращать колесо судьбы.
Проходя долгий первый круг, —
Движение колеса замедляется.
Наконечник стрелы указывает на меня.
Так открывается мое предназначение.

Попробуем дважды прокрутить колесо судьбы.
Остановившись, стрела вновь выбирает меня.
Вращаясь по кругу, грядущее находит того,
Кому оно издревле предначертано.

И в третий раз заведем колесо судьбы.
Выбор жизни и человека — прежний.
Я, ты, он, она — каждый выбирает свою дорогу.
Невозможно обмануть будущее и судьбу.

Колесо судьбы постоянно вращается,
Как и жизнь, предначертанная людям.

Жизни свойственны виражи и повороты,
Взлеты, падения и зигзаги,
Но главное — возрождение и цикличность.

Какую судьбу ждете вы, люди?

촛불을 끈다

겨울 밤
추위와 어둠은
시작되었다.

호기심과 공포가
어둠과 함께 온다.

나는 촛불을 켠다

바람이 불빛을 흔들고
그림자가 춤을 추면
나는 두 손 모아
촛불의 생명을 지킨다.

우리의 욕망과 본능은
촛불과 같은 것

촛불의 눈이 생명을 갖고
이글거리고 불타오르면,

내 욕망이 함께 춤을 추며
눈은 본능으로 빛나고
영혼은 사라진다.

내가 지킨 것은
촛불의 생명인가 아니면
나의 생각, 욕망, 본능인가?

나는 황급히 촛불을 끈다.

욕망과 본능은
연기가 되어 사라지고
촛농만 어지럽게 남는다.

나는 어둠에 홀로 남는다.

Задувая свечу

Близится темная зимняя ночь.
Меня обступают холод и тьма.
Любопытство, опасность и страх —
Все эти чувства приходят в сумерках.

Я зажигаю свечу.

Ветер колеблет яркое пламя.
Тени в танце приходят в движение.
Складываю руки, охраняя огонь,
Бережно жизнь свечи спасая.

Наши желания и инстинкты
Похожи на теплый жар свечи.
Она жива, пока пламя танцует.
Глаза свечи ярко горят,
Лишь пока сохранен огонь.

Мои желания и желтое пламя
Танцуют вместе, будто бы пара.
Глаза сияют чисто и радостно,
Душа улетает от счастья.

Что же я хочу сохранить —
Жизнь свечи или собственную,
Свои мысли, желания, душу?

Я торопливо задуваю свечу.

Исчезая, думы, стремления
Превращаются в легкий дым,
Растворившись в стекающих слезах
Оплавленного тусклого воска…

Я остаюсь в темноте.

파티는 끝나고

축제 전날,

무표정은 내면에 있던
희망의 가느다란 줄기를
숨기기 위함이었고,

세상에의 복종은
언젠가 되찾는 희망을
향한 씨앗이었다.

머리를 짓눌렀던 강박감은
축제 시작으로 사라진다.

영롱한 투명 샴페인 잔 속
눈은 빛나고,
요란한 밴드 음악 소리,

환한 조명에
가슴 속 중압감과
슬픔은 사라지고,

희망을 향한
몸짓은 시작된다.

두 팔 벌려 춤을 추고,
하늘 향한 몸짓과 손짓은
조그만 원들을 만들고,

원과 원은 부딪치고 뭉치며
우주가 된다.

온 세상이 함께 모여서
원을 그리며 춤을 춘다.

인간과 진리를 찾는
플라톤과 아리스토텔레스,

인간 무한 이성을 찾는
임마누엘 칸트,

보편적 우주 법칙을 찾는
뉴턴과 아인슈타인,

수세기 동안 후손들을 위한
사랑, 고뇌, 행복, 의무를 찾는
푸쉬킨, 도스토예프스키, 톨스토이

모두 모여
함께 춤을 춘다.

인간을 사로잡던
억압과 억겹 갈등이
시공간을 넘어 사라지면,

나는 우주에
비로소 홀로 남는다.

파티는 끝나고,
춤 무대는 비워졌다.

무표정과 복종이
다시 시작되며,
희망을 감춘다.

사라진 것은 없다,
그저 잊혀졌을 뿐.

Вечеринка окончена

В преддверии праздника
Лица, лишенные всяких эмоций,
Хранят в себе росток надежды,
Что послушание вознаградится.

Неотступные мысли, сдавливающие голову,
Исчезают, как только включается свет,
Означающий начало праздника.
Глаза сверкают блеском шампанского,
Громкие звуки, вспышки прожекторов
Стирают тяжесть в груди и грусть с лица,
И начинает сиять луч надежды.

В танце все поднимают руки.
В людском хороводе веселья
Руки, воздетые к небу, образуют круги.
Объединяясь, они образуют Вселенную.

В единении танца — весь мир,
В кружении тел — поиск истины,
Начатый Платоном и Аристотелем,
Кантом с теорией бесконечного разума.

В танце — законы Вселенной
От Ньютона и Эйнштейна,
Любовь и страдание, счастье и долг.
Сквозь века на потомков взирают
Пушкин, Толстой, Достоевский.

Когда мысли о подавлении
И бесконечном конфликте
Сквозь время и пространство уходят,
Я остаюсь вновь один во Вселенной.

Вечеринка окончена, танцпол пустеет,
Выражение радости сменяется
Бесцветным, словно маска, выражением
Покорности, скрывающим надежду.

Ничто не исчезло, просто забылось.

땅끝 마을에 홀로 서서
- Cabo da Roca에 올라서서

나의 한 눈은,
Luis de Camoes 의 시
"여기서 땅이 끝나고
바다가 시작된다"를 읽으며

다른 눈으로는
거친 대서양을 바라본다.

15세기 엔리케 왕자부터,
바스코 다 가마, 마젤란까지
선구자들이 두려움 없이
범선을 타고 시작했던

대항해 시대가
무성 흑백 필름 영화같이
조용히 눈 앞에 나타난다.

우리 삶은
거대한 역사의 부분으로

벗어날 수 없는 물결이 되어,
옆에서 우리를 휘감으며
흘러가고 있지만,

대서양 깊은 곳
Sea Wolf 같이,
역사의 파도에
두려움 없이

삶을 그 심연에 던지고,

두 다리로 똑바로 서서
용기를 갖고
도전하라 한다.

유라시아 대륙의
땅끝 마을에서 바라봤던

황금빛 태양 아래,
대서양 너머 미지의 세상,

불확실한 운명에 맞서,

두려워하지 않는 갈매기의
끊임없는 날개 짓은
육지 곶과 바다를 연결하는
다리가 된다.

신대륙을 발견했던 대항해는
파괴와 전쟁을 막지 못했고,

600년 동안,

많은 식민지와
수많은 사람들의
굴곡진 삶과 역사의 고통은
지속되었다.

거친 대서양의 물살은

흑백 영화 속의
두려움과 도전을
반복적으로 보여주며,

내게 속삭인다.

누군가에게는 희망이지만,
다른 누군가에게는
절망이었던 시간들을...

Один на вершине скалы на краю земли
- Кабо-да-Рока, Португалия

Перед глазами поэма Луиса Камоэнса
О таинственной самой западной части Европы.
«Там, где заканчивается земля и начинается море»,
Стоя на мысе, просматриваю одним глазом книгу,
Вторым неотрывно слежу за бурной Атлантикой.

Морские экспедиции великого принца Энрике,
Словно вижу бесстрашные каравеллы XV века,
Подвиги и открытия Васко да Гамы и Магеллана.
События — словно черно-белая пленка
Немого кино о первопроходцах.

Наша жизнь — часть великой истории.
Бурная волна, от которой не скрыться,
Обтекает нас, если мы ей противостоим.

Подобно морским волкам Португалии,
Мне не стоит бояться волн истории.
Нет смысла бросать жизнь в пучину,
Надо лишь крепко стоять на ногах,
Смело принимая бушующий вызов.

На краю Иберийского полуострова
Вижу неведомый мир под золотом солнца.
Взмахи крыльев бесстрашных чаек
Бросают вызов неизвестной судьбе.
Отвага птиц — мост между мысом и морем.

Открыв континенты, морские походы
Не предотвратили разруху и войны
В огромных колониях и их разные судьбы.
Пятьсот лет истории — время вражды.

Мощные волны у скал мыса Рока
Пробуждают страх и былое волнение.
Снова мелькает черно-белая пленка,
Вновь погружая в сюжет немых фильмов.
В грохоте волн повторяется шепот
О полных опасности морских экспедициях.

Для одних это стало надеждой,
А другим — сулило отчаяние.

그들은 아무것도 기억하지 못한다

태초에
하늘, 땅, 빛이 있음이라.
생명의 힘은
아담과 이브를 만듦이라.

선악의 사과를 먹고
부끄러움의 원죄를 안고,
에덴동산을 쫓겨남이라.

노아의 후손들은
명성을 위해,
하늘로 향하는
탑 건설을 결정한다.

위선, 탐욕, 오만으로
인간 본성은 가득 차고,

바빌로니아 바벨탑은
높아만 간다.

부끄러움을 모르고
하늘까지 닿은 탑은
태초의 생명의 힘을
다시 찾고자 했던가,

생명의 힘을 얻어
불멸과 자유를 얻으려는
오만은 하늘을 찌르고,

부끄럼 없이
신에게 도전한다.

신을 대신하여
하늘로 먼저 올라가려는 탐욕은
다시 원죄를 안고,
탑은 무너졌지만,

그들은 왜 무너졌는지를
이해하지 못했다.
억겁의 시간은 흘렀고,
시간이 쌓이면서,

찰나의 순간,

하늘로 향하는
야망을 다시 기억하고,
하늘로 향하는
탑을 다시 짓는다.

하늘에 다다르면,

영원한 생명의
힘을 얻을 것인가?

불멸과 영혼의
자유를 얻을 것인가?

찰나의 허무함이여.
윤회의 덧없음이여.
탑은 다시 무너진다.

아무것도 기억하지 못하고,
그들은 탑 짓는 것을 반복한다.

Они ничего не поняли,
или Вавилонская башня

Вначале есть небо, земля и свет,
Сила жизни, создавшая Адама и Еву.
За этим пришло изгнание из Эдемского сада
За первородный грех — ослушание запрета
Вкушать плоды от Древа познания.

Потомки Ноя решили построить башню до небес,
Возвысить себя, «сделав себе имя».
Люди с тех пор полны лицемерия,
Недальновидности, высокомерия,
А Вавилонская башня стремилась всё выше.

Была ли башня, без стыда пронзившая небо,
Амбициями людей стать бессмертными?
Она стала лишь монументом высокомерия.
Под видом свободы и силы жизни
Люди бросали бесстыдно вызов Создателю.

Башня, призванная возвышать человека, но не Бога.
Жадность быть первым, коснувшись небес,
Вновь стала первородным грехом.
Башня рухнула, а строители ничего не поняли.

Время летит, эпохи сменяют друг друга.
Фрагменты пришедших воспоминаний,
Вновь превращаясь в безумные цели,
Устремляют амбиции высоко в небо,
Опять строя башню, пронзающую высь.

Неужели верим, что, лишь достигнув небес,
Мы обретем бессмертие?
Дар вечной жизни?
Или, может, наверху нас ожидает свобода души?

Наступает мимолетное мгновение пустоты.
Башня рушится, а люди продолжают не понимать...

기다림
- 헌혈 줄에서 기다리며

어릴 적
누군가를 위해
헌혈한 경험이 있는가?

학생시절,
서울 길거리에서
낯선 이를 위한
헌혈 기억이 있다.

감정은 사람을 지배한다.

어린 나이 특유의 자유분방
미래에 대한 불안과, 흥분, 기대
빨리 어른이 되고 싶은 치기.

피가 몸에서 빠져나가며,
손에 잡히지 않는 뿌듯함이
몸으로 들어오면,

막연하게
어른이 되었다고 생각했다.

40년이 지나,
모스크바로 돌아와서

헌혈 대기 줄에
몇 번 기다렸다.

어른으로서의 책임감,
사람에 대한 신뢰와 사랑,
믿고 따르게 하는 솔선수범,

헌혈 대기 줄에 서있으면,

정맥을 흐르는
피가 뜨거워지고,

뜨거운 피의 나눔은
심장과 세상을
뜨겁게 만든다.

한 방울 피를 남에게 주면,
생명과 인류가 살아나고,

한 방울 피의 소중함을 알면,
세상은 혼란이 없다.

Ожидание, или Волшебство добра

Был ли у вас опыт сдачи крови
Во времена юности?

Однажды, еще студентом, в Сеуле я увидел,
Как на улице сдавали кровь
Для незнакомого человека.

Эмоции всегда правят нами…

Свободные духом, в молодости
Мы живем в волнении и ожидании будущего.
Поэтому стремимся
Быстрее повзрослеть.

Когда моя кровь текла из вены,
Меня посетило безудержное чувство
Огромной гордости.
Пришло осознание: я становлюсь взрослым.

Прошло около сорока лет.
Надолго вернувшись в Москву,
Я несколько раз стоял в очереди
На сдачу крови.

Ответственность,
Доверие и любовь к окружающим,
Проявление инициативы,
Чтобы за мной пошли люди, —

Взросление.

Каждый раз, когда стою в очереди доноров,
Кровь, текущая по венам, становится горяче́й.
Моя горячая кровь делает мир теплее.

Поделившись каплей своей крови
                    с другими,
Мы даем шанс на жизнь человечеству.
Если мы узнаем цену капле крови,
В мире не останется хаоса.

Моя лю[бовь]
к тебе

제 2 부
너와의 사랑은 - 러시아

너와의 사랑은
- 러시아

너와의 사랑은,

먼 하늘에서 불어온
산들바람을 맞으며
시작되었다.

지도에도 없이
깊은 땅속에서
사랑의 기운이
눈 깜짝할 순간에
솟아오르며,

너와의 사랑을 느끼게 되었다.

봄날 아지랑이가 피고,
오렌지 카라멜 카푸치노
향내가 퍼지면,

벨라루스카야 역으로
낡은 캐리어를 끌고 나갔고,

지치고 힘든 몸으로
맥없이 되돌아 오며,

너와의 사랑은 시작되었다.

녹음 진 푸른 하늘
소나비 내리는 여름날,
지하철 문이 열릴 때,

길게 드려진 금발에
눈부신 보석과 같은
아름다운 눈을 보며,

너와의 사랑은 뜨거워졌다.

흰색 블라우스를 입고,
MGU 교정
흩어진 낙엽을 긁어 모아
하늘로 뿌려대며
깔깔 웃음지었고,

따뜻한 가을 햇살로
홍조 띤 얼굴은
금색의 사랑 빛으로
가득해지며,

너와의 사랑은 깊어만 갔다.

대지가 하얀 눈으로
가득 덮이고,
차가운 시베리아
눈바람이 몰아치며,
우리 발길을 멈추게 했지만,

너와의 사랑은 멈출 수가 없었다.

봄, 여름, 가을, 겨울이
바뀌는 순간마다
트베르스카야 거리를 걸으며,

"너와 함께라면 두렵지 않아"

속삭이던 맑고 투명한
너의 눈을 통해
세상을 바라보았다.

이렇게 해가 30번 바뀌면서, 너와의 사랑은 운명이 되었다.

너와의 사랑은 무엇이었던가...

Моя любовь к тебе, Россия

Моя любовь к тебе началась с дуновения нежного ветерка
С далекого неба.

Энергия любви, спрятанная глубоко в земле,
Невидимая на карте,
В мгновение ока встала перед глазами,
И я почувствовал любовь к тебе.

Когда в небе поднимается весенняя дымка,
А аромат апельсиново-карамельного капучино разливается по офису,

Я несу свой старый чемодан на Белорусский вокзал,
Возвращаясь утомленным и усталым.
Тогда моя любовь к тебе началась…

В летний день с синего неба внезапно хлынул ливень.
Даже в раскрывшейся двери метро мне виделась ты:
Распущенные светлые волосы,
Глубина драгоценных глаз.
В белой одежде ты собирала опавшие листья в саду МГУ,
Подбрасывая их в небо.
Лицо, сверкающее золотом осени,
И всё усиливающаяся любовь к тебе…

Вся земля была покрыта белым снегом,
Пронизывающий сибирский ветер
Сбивал с ног,
Но мою любовь невозможно остановить.

Менялись времена года:
Весна, лето, осень и зима.
Мы гуляли по Тверской, смотря на мир
Твоими чистыми глазами,
И я шептал: «Я ничего не боюсь, пока я с тобой».
Вот уже тридцать лет сменяются времена года.
Моя любовь к тебе стала судьбой.

Чем же была моя любовь к тебе?..

나의 연대기
- 러시아

1990년대 시대의 혼란은,

냉전을 종식시키며
세상을 변화시켰고,

1993년 모스크바 지하철 앞
전단지 광고 거래선 연락처로
나는 냉장고를 팔았고

처음 배운 러시아어는
холодильник였다.

"일하지 않은 자, 먹지도 말라"
슬로건은
나를 더욱 뛰게 만들었다.

20대의 나는,

야망은 컸으나
지식과 지혜가 부족했고,

30대의 나는,

부지런했으나
현명하지 못했고,

40대의 나는,

성공에 대한 욕망과
타인을 이해하지 못하며
쉽게 무너졌다.

50대의 나는,

솔선수범, 희생, 헌신을 배웠고,

이 땅의 산과 강,
아름다운 자연에서
신성함, 용기,
인내심을 알았다.

사람과 운명에 대한 이해는
현명한 삶, 굳은 의지, 헌신,
사랑의 잣대이다.

우리는 모두
더 큰 세상을 생각하지만,

미리 준비되어 있는
길은 짧거나 없다...

새로 만들 수 있는
남아있는 시간 부족,

좀 더 빨리 현명할 수
없었던 지나간 많은 시간에
나는 아쉬워한다.

더 현명해 질 수 있도록
내게 남겨진 시간을
하나씩 세어가며

더 이상 후회와
아쉬움이 없도록

20대, 30대, 40대
과거의 나와
지금의 내가 함께

시간과 역사의 수레바퀴를
천천히 굴린다.

Мои десятилетия

Головокружение девяностых...
Закончилась холодная война,
               и мир был спасен.

Впервые приехал в Москву
             в девяносто третьем.
В рекламном буклете в метро нашел
Имя продавцов бытовой техники.
Так я начал продавать холодильники.

А слово «холодильник» стало
             первым русским словом
В моем лексиконе.

Слоган «Кто не работает, тот не ест!»
Мотивировал меня бежать быстрее.

Мне двадцать лет:
Амбиции велики, но знаний и мудрости
             недостаточно.

Мне за тридцать:
Усердный, но еще не пришла мудрость...

Мне за сорок:
Стремление к успеху и понимание других —
Непросто совместить одно с другим,
             и у меня не всё получилось...

Мне за пятьдесят:
Я научился инициативе,
         оценил преданность
             и жертвенность.
Естественная красота гор и рек этой земли,
Святость, храбрость и терпение —
             всё раскрылось мне...
Высокий уровень понимания людей
             и судьбы — показатель
Мудрой жизни, твердой воли вместе
          с преданностью и любовью.

Если подумать о большом мире,
Путь, приготовленный для многих людей,
Очень короток или вовсе отсутствует...

Оставшееся время я посвящу созданию
             нового...
Я сожалею об ошибках прошлого и о том,
Что взросление и острота ума не пришли
             ранее.

Мне остается становиться мудрее,
Считая дни один за другим,
Чтобы не было больше сожалений
             и разочарований.
Я в двадцать, тридцать, сорок лет и сейчас,
Оглядываясь назад,
Медленно вращаю колесо судьбы.

모스크바

붉은 광장에 서서, 눈을 감으면,
시간은 1천년전으로 돌아가며,
1147년 유리 돌고르키가 열었던
모스크바 역사가 보인다.

억압과 탄압에도 모스크바는
해자로 둘러쌓인 크렘린을 지키며,
제국의 수도로 탈바꿈시키면서,
역사를 새로 써내려갔다.

1천년의 기다림끝에 수용한 정교는
모스크바 하늘을 거룩한 십자가로
가득 채웠고,

비잔틴의 쌍두독수리,
전통과 위엄을 갖추고
크렘린 위를 날아다닌다.

제국은 혁명으로 무너졌고,
모스크바 하늘은 사회주의
빨간 별로 장식된다

천년의 역사는 각자의 자리를 지키는
건물들이 각각의 상징을 하늘에 올리며,
모스크바를 빛나게 한다.

하늘로 타오르는 듯 불꽃 열정과
양파 모습의 신비로움의 형상을 담은
성 바실리 성당의 십자가들은
이 나라를 지켜냈고,

붉은광장 빨간벽돌 역사 박물관 위,
비잔틴 제국의 영광과 영욕을

눈에 담은 채 웅장한 쌍두 독수리는 하늘
로 비상한다.

스파스카야 타워 위 빨간 별은
황제와 제국을 붕괴시키고
민중에 의한 혁명의 완수를 보고한다.

로코코, 바로크, 고딕, 신고전주의로
아름답고 우아했던 모스크바.

스탈린 양식 7개 건물로
웅장함이 보태졌고,
모스크바 시티 직선 고층 건물들은
현대 모스크바 공간들을 채운다.

황제의 권세와 종교적 엄숙함은
민중들 순수한 마음의 유혹을 위해,
화려함과 곡선으로 표현되었고,

현대적 고층 건물들은 현대인들의
복잡한 마음을 단순하게 만들려고
직선으로 곧게 뻗어 올랐다.

십자가, 쌍두 독수리, 별을 지켜냈던,
이름모를 이들의 피와 희생은
상징으로 하늘 위에 남고,

권력의지, 혁명, 종교는
각자의 모습으로
각자의 마음속에 남는다.

이제 모든 존재들은

각자의 이름을 남기고
새로운 상징이 되고자
네온사인으로 모스크바
밤하늘이 번쩍거린다.

천년 도시로 향하는 모스크바,

십자가,
쌍두 독수리,
붉은별, 너머로,

자기 이름을 남기려는 열정이 섞이며
시대를 대표하는 정갈한 상징들로
아름다움을 유지한다.

Москва

Стоя на Красной площади, я закрываю
                                      глаза
И возвращаюсь на тысячу лет назад,
Представляя историю Москвы 1147 года,
Основанной Юрием Долгоруким
            на высоком Боровицком холме.

Город возвышался, несмотря на иго,
                             чуму и пожары.
Московский кремль — знак сильного
                          государства —
Гордо стоит как крупнейшая
                сохранившаяся крепость
                                    в Европе,
Музей истории и независимости.

Крещение Руси и православие
Наполняют московское небо святыми
                                  крестами.
Византийский двуглавый орел,
                              дополненный
Мечом и православным крестом,
Гордо летит над Кремлем.

Революция сметает империю,
Выси пронзают рубиновые звезды.
Кресты храма Василия Блаженного,
Многоцветие луковичных куполов
Продолжают оберегать Москву.
Над Красной площадью, над Историческим
                 музеем из красного кирпича
Величественный двуглавый орел взмывает
                                    в небо,
В его глазах слава и скорбь Византийской
                                  империи.
Его место занимает красная звезда
                      на Спасской башне.

Москва была утонченной и элегантной,
Примеряя одеяния рококо, барокко, готики
                          и неоклассицизма.
Принимая в свой облик семь красивых
                     сестер — семь высоток.
Небоскребы Москвы-сити — как символы
                            современности.

Жизнь зданий и московской архитектуры —
Это пышность и изгибы имперского периода,
Покорившие чистые сердца людей,
Это конструктивизм и брутальность
                                революции.

Новые высотные здания, устремленные
                                    в небо,
Вытянувшись в струну, как в единую линию,
Превращают сложные линии в простые.

Московское небо хранит яркие блики
Ушедших веков, героев, событий.
В нем отсветы памяти словно история
Религии, революции и обороны.
Безымянные люди, защитившие Родину,
Их жертвы и кровь остаются в небе как
                                      знаки.
Ярким неоном озаряется небо.

Москва, готовящаяся стать тысячелетней
                                    столицей,
Собирает свои эпохальные символы —
Священные кресты, двуглавого орла
                      и рубиновые звезды —
Со страстью того, кто желает оставить след
                                  в истории.
Город бережно хранит красоту каждой эпохи,
Символы сплетаются воедино.

모스크바 강

생명의 근원은
강의 평화로운 물결.

모스크바 강은,

생명의 수호자,
생명을 공존시키고,
생명을 다정하게,
구원하는 삶이 있다.

겨울이 오면,
두꺼운 얼음과
흰 눈의 옷을 입으며,

물속 생명을 보호하고,
걸을 수 있도록
길을 만들어 준다.

봄의 새싹이 피면,
무거운 얼음 옷을 벗고,
물속 생명들에게
숨을 쉬게 해주고,

인간에게는 새로운 희망을 준다.

한낮 여름날
태양이 뜨거워지면
고요한 강물은
다시 생명을 준다.

강변에서 사람들은
휴식을 취하고

강 물결은 생명들에게
시원함을 준다.

가을 낙엽이 떨어지면,
가장 찬란하고
아름다운 색깔로 바뀌며,
추위와 겨울을 준비한다.

1월의 모스크바 강은,
두꺼운 얼음과
눈 옷을 입고 있고,

강 밑으로는
물속 생명들을 지켜주고

강 위로는
인간이 걷고 뛰도록 하며,

생명들은
힘차고 건강하게 숨쉰다.

모스크바 강은,

생명의 수호자,
생명을 공존시키고,
생명에 다정하게,
구원하는 삶이 있다.

Москва-река как хранительница города

Источник жизни в спокойных волнах.
Река-охранительница.
Река-забота.
Река-нежность.
Река-спасение.

Когда наступает зима,
Москва-река надевает покрывало из белого снега,
Защищая жизнь воды подо льдом,
Создавая дороги и катки для людей.

Встречая весну, видя бутоны цветов,
Река сбрасывает ледяной наряд.
Разбужена жизнь в водах.
Надежда встречает сердца людей.

Московское лето приносит жару.
Спокойные воды вновь дарят жизнь
Людям, спасение у берегов —
В волнах прохлада живым существам.

При виде осенней опавшей листвы
Примеряет река ярчайшие краски,
Готовя людей к зиме и морозу.

Москва-река в холодном январе
Вновь облачилась в искрящийся лед,
Вновь защищает подводную жизнь,
Вновь несет радость бегать по льду,
Пробуждает энергию, дарит здоровье.

Река-охранительница.
Река-забота.
Река-нежность.
Река-спасение.

엠게우
- 모스크바 국립대학

모스크바 강이
굽이쳐 흐르고
모스크바 전경이
넓게 펼쳐진
높은 참새 언덕 위

3차원의 지식 궁전이
우뚝 솟아 있다.

지식의 공간에
수세기 동안 축적된
지혜의 집, 기하학적
좌우 대칭으로
높고 길게 펼쳐져 있다.

차원을 넘나드는
시간의 흐름,
역사와 건물들이 공존하며,

독수리가 날개를 펴고
하늘로 웅비하려는 듯 웅장하게,

이 땅을
꼿꼿하게 지키고 있다.

엠게우 건물 위로
별 3개가 떠오른다.

하나는
가장 밝은 북극성.

두 번째는
독수리가 하늘에서 따다가
첨탑에 올려놓은 별,

마지막 한 개는,
청춘의 눈동자 속에
반짝거리는 별이다.

진정한 재능의 동등한 기회,
인간 잠재력의 무한한 신뢰,

역사, 문화, 전통으로
청춘의 황금기는
가득 채워져 있다.

지혜와 지식의
폭이 커지면
엠게우 역사의 일부가 되기에,

청춘들은
책을 읽으며 잠을 설치고,

흐린 안개 자욱한
엠게우 교정 내 벚꽃 향기는
코 끝을 간질인다.

참새 언덕과 모스크바 강 위,
걱정과 피로를 지식으로 씻어내고,
고민과 갈등은 멀리 흘려 보내고,

미네르바 숲의
현명한 부엉이는

이 땅의 철학적 지식과
아름다움을 굳건히 지킨다.
매일 밤 청춘들은
환하게 지새우며
새로운 과학과 발견으로,

엠게우의 별을
하늘로 높이 올려서,
사랑하는 모교의
영광을 올릴 것이다.

나는 지금에서야
엠게우의 일부가 되었지만,

엠게우 건물 위로
별을 하늘로
올리기에는
아직 늦지 않았다.

МГУ

Это
Дворец знаний в живописной излучине реки.
Панорама Москвы
С высокого берега Воробьевых гор.
Гордая высотка в трех измерениях.

Дом мудрости, накопленной веками.
Пространство знаний в здании и геометрии.
Сложившееся в огромную высотку
Течение времени в измерениях,
Вертикаль корпуса — словно гордый орел,
Взмах его крыльев — здания по бокам.

В МГУ восходят три звезды.
Первая, самая яркая, — Полярная.
Вторую находит орел и водружает на шпиль.
А третья вечно мерцает в глазах юности.

Равные возможности для истинных талантов,
Безграничная вера в человеческий потенциал,
Золотые годы юности, полные истории,
Культуры и традиций.

Взросление молодежи, ее знания и мудрость
Тоже становятся частью истории МГУ.
Бессонные ночи над учебниками
Остаются памятью в легкой дымке,
Аромате цветущей вишни в саду университета.

Над Воробьевыми горами и Москвой-рекой
Знания стирают заботы и усталость.
Река уносит тяготы и конфликты,
Мудрая сова в лесу Минервы стоит на страже
Философских знаний и красоты этой земли.

Наука и открытия сделают вас звездами,
А бессонные ночи над учебниками — мудрецами,
И вы сами вознесете звезду МГУ до самого неба,
Прославляя любимую альма-матер.

Я тоже становлюсь частью МГУ.
Я пришел сюда совсем недавно,
Но еще не поздно поднять
Полярную звезду высоко в небо.

마야콥스카야 지하철

에스컬레이터가
오르내리며,

지하철을 지나는 사람들은
엄숙하고 진지한 얼굴로
무심히 지나친다.

시인의 운율로
지하철이 요란한
소리를 내며
역으로 들어오면,
혁명에 충실했던

마야콥스키의 목소리가
가수처럼 들려온다.

지하철은 방공호,
모스크바 시의회 회의,
1941년 11월, 붉은광장
승리의 행진을 결정했다.

마야콥스까야 역,
지하철 왕국의 자부심,
오늘도 영원히 젊은 역,

지하철 바퀴소리가
시인 목소리와 함께
대리석 지하 홀에
강철처럼 울려 퍼진다.

순환선을 반복해서
운행하는 지하철같이

역사와 모든 것은
반복된다.
과거의
어려움을 극복하고,

현재의
고난과 싸우지만,

지하철이 다음 역에
예정된 도착을 하듯이

미래 운명도
이미 예정되었을 듯...

에스컬레이터가
오르내리며,

스쳐가는 사람들의
속을 알 수 없는
얼굴을 통해,
시인의 목소리가 울린다...

지금을 살고 있는 너는,

삶의 대의를
갖고 있는가?

Метро «Маяковская»

Эскалатор поднимается и опускается,
Мимо проплывают лица,
Торжественны и серьезны.

Поезд с грохотом въезжает на станцию.
Звук громкий, как рифма поэта.
Слышен глас Маяковского,
Верного певца Революции.

Станция — как бомбоубежище.
Станция — как заседание Моссовета
Перед парадом на Красной площади
В ноябре сорок первого.

Станция «Маяковская» — гордость подземного
царства, Вечно юная даже сегодня.
Здесь звенящей сталью разносится
Голос Поэта,
Аккомпанируя стуку колес
В мраморном зале.

Подобно метро с известным маршрутом,
Словно окружность кольцевой линии,
История так же циклична, всё повторяется вновь.

Преодолевшие трудности в прошлом
Смотрят на тех, кто бьется сейчас.
Им ведома предопределенность событий,
Как непременность следующей
Остановки…

Эскалатор поднимается и опускается.
Мимо проплывают лица.
Сквозь непроницаемые выражения
Слышу голос Поэта:
«У вас, живущих сейчас,
Есть ли великая цель?»

아르바트를 걸으며

신은 강이 내려다 보이는
자작나무로 가득 차 있던
넓은 땅 위에 좌표를 정했고,

시간의 끊임없는 흐름은
땅의 아름다운 형체를 만들고,
창조적 정신을 만들었다.

해가 뜨고, 바람이 불면
꿈과 자유가 태어나고,
보름달 밝은 달이 뜨면
강은 은색빛이 되고,
꽃이 피면

미와 예술의 향기가 풍겼다.

공간과 시간은
젊음을 매료시켰고,

천재는 시대정신을 낳으며,
희망과 사고에 대한
지성의 방식을 가져왔다.

격변의 시기 소련은
과거가 되었고,

Old 아르바트에는
기타소리, 시, 노래가 울려 퍼졌고,
New 아르바트에는
자본주의 악의 꽃이 피었다.

1996년,
아르바트를 처음 밟았던

젊은 시절의 나는

Old 아르바트에서
시대 정신은 못 찾고,

New 아르바트의
휘황찬란한 카지노 불빛에

달려드는 불나방같이,
밤거리를 방황하며
녹아 내렸다.

2021년 ,
다시 밟은 아르바트에서,

New 아르바트의
현대식 산뜻함에 놀라고,

Old 아르바트에서
푸쉬킨과 나탈리아 기념관,
아르바트 거리 추모 벽화 속,
빅토르 최를 바라보면서,

나는 시대 정신을 깨닫는다.

세상 불합리에 분노하고,
인간 관계에 관대하고,
자기 확신 변화를 주도하라.

Прогуливаясь по Арбату

Сам Бог начертал координаты на этой земле,
Поросшей березами, с видом на реку.
Непрерывный поток времени
Создал прекрасную форму пространства,
Став прародителем духа творчества.

Жар восходящего солнца, сила попутного ветра
Рождали мечту и свободу
В ярком свете округлой луны.
Серебрилась река, сильно пахли цветы,
Даря аромат красоты и искусства.

Пространство и время влекли молодежь,
Гениальность рождала дух эпохи,
Моду на интеллект человека,
На доминанту надежды и мысли.

Уход СССР в прошлое и потрясения времени
Несли гитарами, стихами и песнями
Творчество на Старый Арбат,
А зло капитализма — на Новый.

В юности, ступив на Старый Арбат девяносто шестого,
Я не смог уловить истинный дух времени.
Витрины и вспышки неона Нового Арбата
Влекли, как мотылька на свет лампы.
Фальшивый блеск казино и ресторанов
Заставлял бродить по ночным улицам.

Я вновь на Новом Арбате, в две тысячи первом.
Московская роскошь, но аккуратно и чисто.
На Старом Арбате — памятник Пушкину и Наталье,
Прекрасная графика-манифест Виктора Цоя.
И я чувствую возрожденный дух времени.

Не принимая абсурда этого мира,
Проявляйте внимание и терпение
К личным человеческим отношениям
И, главное, будьте готовы меняться сами.

볼쇼이 극장

메디치 가문, 왕궁 골목공연
루이 14세, 태양신 발레 명성
피터 대제는 민중에 다가가는
발레를 꿈꾸며,

절대 왕권들은
발레를 창조하며 후원했고,
천재들은 혁명을 피해
발레 예술혼을 지키려
수시로 국경을 넘으며,

마린스키와 볼쇼이 극장은
세계 발레 중심지가 되었다.

한국에서 온 이방인은
발레를 보며,
예술적 소외감을 느낀다.

호기심에 찾아 온 볼쇼이 극장

예카테리나 2세의 제국극장,
알렉산더 2세 황후 이름을 딴 마린스키,

제국의 유산은
민중 속으로 들어오며,
계급을 초월한
예술 혼은 살아있다.

차이콥스키 백조의 호수,

화려한 무대
커튼이 올라간다

발레리나의
굳건한 두 발은 땅을 딛고,
두 손은 하늘로 비상하며,

본능적으로
몸과 정신의 자유를 찾는다.

쉬르 레 푸앵트,
사람, 땅, 인간은 연결되고,

그랑 쥬테
인간 한계를 넘는 비상을 하고,

아라베스크, 애티튜드,
인간 몸 아름다움의 최상을 보여준다.

아다지오, 바리에이션,
코다로 이어지며
그랑 빠드 되의 우아함은 선악과
지그프리트와 오데트의
아름다운 사랑을 표현한다.

공연이 끝나고
커튼이 천천히 내려간다.

볼쇼이 발레 공연을 보면,

문화와 예술혼을 지켜내고
인간 몸을 통해
하늘로 올라가고
땅으로 뿌리박는

인간정신의
확장을 지켜본다.

볼쇼이 극장과
극장을 찾아온
평범한 시민들의
얼굴을 바라보면서,

예술 혼을 지켜내는
국가의 정체성과 강건함,
국민의 자부심을 본다.

발레는
내게 한 발 가깝게 왔다.

Большой театр

Абсолютное царствование покровительствует искусству.
Лоренцо Медичи и спектакли на аллеях дворца.
Людовик XVI и его путь к славе через театр.
Петр I с мечтой о доступном народу театре.
Могучие королевства создают искусство.
Гении, стремясь защитить свою творческую душу,
Пересекают границу, скрываясь от революции.

Большой и Мариинский — центры мирового балета.
Корейцы видят балет, но не чувствуют художественного притяжения.
Сначала я пошел в Большой из любопытства,
Вспоминая Екатерину II и Императорский театр,
Александра II и Мариинский в честь жены царя.
Я посетил наследие империи,
Из элитарного ставшее народным,
Где до сих пор живет высокохудожественная душа
И поднимается яркий занавес «Лебединого озера».

Балерина красиво балансирует на пуантах,
Обе руки воздеты к небу,
Инстинктивно стремясь к свободе тела и духа.
От sur les pointes — танца «на кончиках пальцев»,
Соединившего небо, людей и землю,
От grand jeté — невероятного прыжка и полета —
До арабеска и аттитюда, раскрывающих грацию тела.
Элегантность большого па-де-де, за которым следуют адажио, вариации и кода,
Парный танец, сменяемый плавным движением,
Усложнение и виртуозный финал —
Всё обостряет противостояние добра и зла,
Выделяет любовь Зигфрида и Одетты.
Медленно опускается занавес.

Когда смотрю прекрасный балет,
То вижу величие человеческого духа,
Стоящего на страже культуры и искусства.
Он поднимает грацию до небес
И вновь возвращает ее на землю.
Глядя на лица людей, сидящих в Большом,
Вижу их гордость и чистую душу,
Сохранившую искусство и самобытность страны.

Балет стал ко мне на шаг ближе.

푸쉬킨 미술관

푸쉬킨 미술관에는
두 개의 계단이 있다.

하나는
시인과 예술가들이 만나서
예술 최상의 단계로 올라가는
천상의 계단

다른 하나는
미술관에 숨겨진
보물들을 찾아나서는
비밀의 계단

20세기 모든 예술가들의
걸작들이 공개되고,
벽에 걸린 명작들은
마치 영감을 줄 듯이
우리를 바라본다.

렘브란트의 황금빛
"에스더"가 복원되었고,
인상주의학파들의 작품들은
다이아몬드같이 광채를 띠며,
신비스럽게 빛난다.

반 고흐, 고갱, 마네, 모네,
르느와르, 드가, 마티스, 피카소
천재들의 자유분방한 붓 놀림은,

창조적 마법을 경험시켜주며
비밀스런 신호를 주는 것 같다.

고딕 양식 미술관 본관은
위대한 시인 이름을 가져왔고,

"미술관 - 사람"이라는
보편적 진리가 기억 되는 곳.

모스크비치는 항상,
학창시절 이곳을 방문해
창의성과 예술적 영감을 발굴한다.

모네의 "루앙 대성당" 작품은
희뿌연 아침, 황금빛 태양, 밝은 일몰
시시각각 바뀌는
색상의 변화를 보여주며,

후손들에게 유산을 물려줘야 하는
우리 세대의 진정한 의무를 준다.

Italian Courtyard 다비드 상은
수천 년간 인생본질은 변함없으니,
현재 위치에서 최선을 다하라는 듯
내려보고 있고,

물질적 소비는 행복의 절대적
가치가 아니라는 교훈을 주는
푸쉬킨 미술관은
모스크바의 보물.

반 고흐, "아를의 붉은 포도밭"
신비스런 복원 이후,
미술관 미래의 얼굴이 된다.

나는 푸쉬킨 미술관에 올 때마다,

곳곳에 숨어있는 예술가들,
시인, 소설가, 화가, 조각가들의
숨겨진 이야기를 수집하며,

예술과 사람에 대한
깊은 사랑을 느끼게 된다.

위대한 푸쉬킨 미술관에는
두 개의 계단이 있다.

Пушкинский музей

В великом музее нас встречают две лестницы.

Первая — место встреч художников и поэтов.
Небесная лестница, ведущая к высшей ступени
         искусства.
Другая — потайной путь, открывающий
     спрятанные в музее сокровища.

Двадцатый век явил все шедевры, открыв их
        широкой публике.
Выдающиеся творцы всех эпох встретились
        в одном месте
И со стен словно наблюдают за нами,
      даря вдохновение.
Спасенная и восстановленная в стенах музея
      золотая Эсфирь Рембрандта,
Работы импрессионистов, словно бриллианты,
Сияют таинственным светом, озаряя залы, —
   Ван Гог, Гоген, Мане, Ренуар, Дега,
   Матисс, Пикассо, Моне…
Их гениальность и волшебство кисти
Словно подают нам тайные знаки,
Возможность прочувствовать магию созидания.

Храм с колоннами носит имя великого
        Пушкина,
Стены помнят слова: «Музей — это люди».
Москвичи приходили сюда в свои
        школьные годы,
Вставая на путь творчества и вдохновения.

Изучая Моне, свет полотен
      Руанских соборов,
Молочное утро, золото солнца, яркий закат,
Вижу истинный долг своего поколения
В передаче наследия нашим потомкам.

Высокая статуя Давида в Итальянском дворике
Словно смотрит на меня сверху вниз,
Убеждая, что минуют тысячелетия,
А суть жизни и событий одна и та же.
Делай всё, что в твоих силах, на своем месте.

Это место обращается к нам, говоря и уча:
Счастье далеко от потребления и
        материального.
Свое истинное сокровище я встретил
        в Москве,
Увидев таинство восстановления картин.
«Красные виноградники в Арле» Ван Гога
Будут ликом музея долгие годы.

Я давно стал коллекционером.
Каждый раз, посещая музей,
Ищу и собираю неизвестные истории
Художников, поэтов, романистов
       и скульпторов,
Испытывая глубокую любовь
      к искусству и людям.

**В великом музее нас встречают
       две лестницы.**

상트 페테르부르크

유럽을 향한 피터 대제의
웅혼한 꿈은 도시를 세웠고,

이방인 에까쩨리나 여제의
교육과 재능은 예술과 문화를
영광스럽게 만들었다.

네바강 포성소리는
혁명의 시작을 알렸고,

대 조국 전쟁,
적군 포성의 중단은
영원한 승리의 시작이었다.

혁명의 잔인함과
전쟁의 공포를 통해
도시는 역사적인 기억을 갖고,

제국의 유산은
인간 존엄가치와 얽히며,
도시의 품격을 올렸다.

따뜻한 봄날 네프스키
프로스펙트를 걷다가,
햇살이 얼굴에 닿으면,

이삭과 피의 구세주 성당
아이콘들은
회개하고 구원을 구하는
사람들을 바라본다.

에르미타시, 페테르고프 궁전의
독특한 건축의 아름다움,
정원 그림자,
분수 조각을 보며,

인간의 손으로
창조하는 천상의
아름다움에 감탄한다.

황금빛 호박방의
경이로움은
천상의 세계로 올려 보내고,

마린스키 극장,
Maestro 손길로
천상의 음률을 들려준다.

차르스코예 셀로,
어린 푸쉬킨의 영감은
수세기 러시아 정신이 되었고,

도스토예프스키 서재 속
"시스티나 성모상"은
천재를 흠모하고

소설 속 뛰어난 영웅들
신앙심을 굳게 만든다.

시와 소설은 전설이 되어
도시에 생명을 불어준다.

머나먼 한국에서
온 이방인은,

도시의 문화와 예술의 향
기에 취해서,
발을 떼지 못하는데,

모스크바행
SAPSAN 기차는

이대로 떠나기 싫어하는
내 마음도 모르고,
야속하게 출발한다.

Великая мечта царя Петра построить город,
Образованность и талант чужестранки Екатерины
Прославили русское искусство и культуру.
Грохот пушек на Неве как начало революции,
Прекращение огня вражеской артиллерии —
Как знак триумфальной победы и героизма
Людей Великой Отечественной войны.

Сквозь жестокость революции и ужас битвы
Город пронес историческую память.
Драгоценное наследие империи
Переплелось с человеческим достоинством,
Что сделало город дважды великим.

Во время прогулки по Невскому
Весенние лучи нежно ласкают лицо.
Святые лики Исаакия и Спаса на Крови
Смотрят из арки иконостаса на людей,
Кающихся и ищущих спасения.

Любуясь Петергофом и Эрмитажем,
Красотой неповторимой архитектуры,
Тенью парков, скульптур у фонтанов,
Как поверить, что это дело рук человека.

Чудеса золотой Янтарной комнаты,
Словно божественная музыка
Продолжена чарующими нотами
Одним взмахом руки Маэстро Мариинского.

Царскосельский лицей,
Вдохновленный юный Пушкин,
На века ставший духом России.

Репродукция «Сикстинской Мадонны»
            в кабинете Достоевского,
Восхищавшая гения и укреплявшая веру
Героев гениальных романов.

Поэт и романист стали легендами,
Город черпает жизненную силу из их творчества.

Незнакомец из далекой Кореи,
Очарованный культурной ценностью,
Не может оторваться от созерцания
                                города.

Поезд «Сапсан» в Москву следует
                          расписанию.
Ему нет дела, что мое сердце хочет
                            остаться.

칼리닌그라드

북해로 떠밀려온
러시아의 푸른 보석.

발틱해 차가운 겨울바람은
멈추지 않고 얼굴을 때린다.

프로이센과 튜턴 기사단의 역사,
폐허가 된 성과 한자 동맹.

피터 대제의 대사절단 유럽순방,
프리드리히스부르크 옛날 성과 성문.

지식과 동맹의
여정은 지속된다.

집단의 탐욕과 질투는
개인의 희생을 요구하며
역사의 흐름을 바꾼다.

틸시트 조약과 2차 세계대전은
칼리닌그라드 이름으로
역사는 다시 시작한다.

칸트가 감탄과 경외심으로
"별이 빛나는 하늘,
마음속에 있던 도덕법칙"은
아름다운 구시가를
가득 채우고 있고,

지식을 통한
인간해방의 가르침은
우리 정신을
자유롭게 만든다.

신은 존재하는가,
우주는 무한한가?

발틱해 겨울바람은
삶 너머의 것을
고민하게 만든다

발틱해 푸른 바다는
호박의 햇빛을 담고 있고,

칸트가 만지작거렸던
호박 속 "파리가 말할 수 있다면"

과거세계에 대한
우리의 지식이
얼마나 달라졌을까?

칼리닌그라드, 칸트같이

오늘의 어려움과
도전을 이겨내고
지혜로운 삶을 살지 못하면,

호박 속 박제된
파리 운명이 될 것인데,

오늘을 사는
나는,

왜 아직도

현명하지 못하며,
현실에 구속되어 있는가?

Калининград

Голубая жемчужина России,
Омываемая северным морем.
Прохладный ветер Балтики
Безостановочно дует в лицо.

История Пруссии и тевтонских рыцарей,
Руины замков и Ганзейский союз,
Великое посольство Петра Первого,
Фридрихсбургские ворота и замок прошлого.

Путешествие за знаниями и союзниками.

Коллективная алчность и зависть
Требуют личных жертв, меняя ход истории.
Тринадцатилетние и семилетние конфликты,
Тильзитский мир и две мировые войны.
С названием Калининград
История начинается заново.

Старые улицы красивого города
Помнят слова великого Канта:
«Звездное небо надо мною,
Моральный закон во мне».

Девиз просвещения как рост личности.
Мужество пользоваться своим рассудком.
Интуиция как начало знаний.
Совесть и есть показатель человечности.

Чувствуя ветер соленого моря,
Размышляю о том,
Существует ли Бог?
Бесконечна ли Вселенная?

Голубая жемчужина Балтики
Отражает солнечный свет янтаря,
Как известный талисман Канта.
Ведь если бы муха, заточенная в янтаре,
Могла говорить,
Насколько другими были бы наши знания
                    о прошлом…

И сегодня, осмысливая Канта,
                    я понимаю:
Если бы я не мог преодолевать
                    трудности и вызовы,
Если бы не учитывал жизненные
                    уроки,
Я был бы обречен походить на муху,
Завязнувшую и застывшую в янтаре.

И всё же я сегодняшний
Не могу не задать себе вопрос:
Отчего, глубоко погруженный
                    в текущую жизнь,
Я всё еще не могу достичь
                    истиной мудрости?

소치를 지나며

본디,

나는 날개를 가졌다.

자유의지를 갖고,
원하는 곳으로
날아 다녔지만,

잦은 날갯짓으로
몸은 쇠약해갔다.

쉴 틈 없는 비행에
지치며 심한 갈증으로,
오아시스를 찾는다.

살포시 날갯짓을 접고
내려 앉은 흑해에,
잠깐 목을 적시고
힘차게 날아오르려는 순간,

젖은 날개로는 날 수가 없다.

돌고 돌면서,
수십 번 날갯짓해도
빠져나올 수가 없다.

본디,

내 날개는 먼 하늘과
큰 대륙을 비상하기 위해
가진 것인데,

소치,

내가 하늘에서 내려와
흑해 파도에서
갈증을 해소했지만,

소치의 아름다움에 취해
파란 하늘로의 비상을 잊네.

이제 더 멀고
높은 하늘로,

큰 세상과
대륙으로의
비상을 준비하며,

나는
서두름 없이
젖은 날개를 말린다.

Кружась над городом Сочи

Рожден был я с мощными крыльями.
Свободу парить даруя,
Несли меня крылья, куда бы я ни желал,
Но частые взмахи обессилили тело.

Истерзанный сильной жаждой,
Я ощущал полет бесконечным.
Зоркий взгляд высматривал оазис.
Осторожно раскрыв крылья,
Спланировал я на воду.

Но сделал лишь небольшой глоток,
И белые крылья погрузились в воду.
Даже мощный взмах не дает взлететь —
Тяжелые крылья тянут в соленое море.

На моих крыльях предназначено летать высоко,
Кружиться над огромными континентами.

Сочи, куда я спустился с небес
Утолить жажду в волнах Черного моря,
Настолько прекрасен, что я забываю
О своем стремлении в синее небо.

Собираясь в небесную высь,
Желая увидеть далекие земли,
Не погружайте крылья глубоко в воду.
Высушите их для далеких полетов.

바이칼

바이칼 알혼섬
찬 물결은
칭기스칸 말발굽과
쇠사슬 소리들을
조용히 만들며,

바이칼을 얼게 만들었다.

차가운 시베리아 바람에
쇠사슬에 묶인
데카브리스트,

바이칼의 이방인은
아득히 정신을 잃어간다.

저 멀리 얼어붙은
한줄기 길로 적송과
자작나무가 서있고,

멀기만 한 바이칼은
자욱한 물안개로
몸을 감춘다.

찬 물결이 빛나면서
찰랑거리고
호수에 담긴 수 만년의
시간을 감추며,

물 안개가 짙어지며,
바이칼은 얼음 밑으로
차갑게 살아있다.

바이칼 심장으로
흐르는 정맥은
내 몸으로 들어오고,
생명수가 되어,

눈에 얼어붙은
마음을 녹이고,
나를 살린다.

시베리아,
이르쿠츠크 영하 35도!

영혼과 몸이 얼어붙은
이르쿠츠크에
바이칼 바람이
매섭기만 한데,
멀기만 모스크바로의 귀환.

시베리아,
이르쿠츠크
겨울 밤은 춥기만 한데,
이방인의 외로운 몸은
따뜻함을 찾는다.

오늘밤은
두려워 하거나
눈물을 보이지 말자.

지금 눈물을 보이기에는
시베리아 겨울 밤은
너무나 길기만 하구나.

Байкал и ледяные цепи

Волны Байкала и остров Ольхон затихают.
Чуть слышны легенды и стук копыт лошадей Чингисхана.
Скован Байкал ледяными цепями.

Обжигающий холод сибирских ветров,
Морозные цепи на руках декабристов.
От стужи и льда теряет рассудок
Одинокий странник на пустынном Байкале.

Вдали вдоль замерзшей дороги
Застыли огромные сосны, склонились березы.
Прячется далекий холодный Байкал
В сгустки густого тумана.

Пляшут и плещутся холодные волны,
Отражается в озере вековая история,
Туман всё сильнее — пелена непогоды.
Оживает Байкал под ледяными узорами.

В обычных озерах вода мертвеет.
В венах Байкала — живая вода.
Как драгоценный напиток, она
Растопит мое замерзшее сердце.

Сибирские дали, термометр замер на отметке
Минус тридцать пять.

Байкальский ветер обжигает тело,
Проникая в душу.
Мне страшно, ведь Москва далеко.
Зимние ночи в Сибири слишком морозные.
Заблудившийся странник ищет тепла.

Давайте не будем пугаться
И показывать слезы.
Зимние ночи в Сибири слишком длинны,
Чтобы сейчас видеть слезы.

희망을 찾아서
- 블라디보스톡에서

희망의 빛이,
동쪽으로, 동쪽으로 뻗는다

한국인에게는 가장 가까운 유럽
모스크비치에게는 가장 먼 아시아

블라디보스톡...

동쪽을 향하는 서쪽 희망의 종착점,
희망을 담은 시베리아 횡단 열차가
동쪽에서 서쪽으로 대륙 깊숙히
들어오는 희망의 시작점,

역사적 여러 정복자의 열망은,
마지막으로 러시아의 품에 안기며,
블라디보스톡 이름을 갖는다.

역사는 땅의 주인을
수십번 바꿨지만,
땅을 다스리는 것은
사람과 문화.

땅의 주인이 바뀌며,
사람과 문화가 살아나고,
영광과 좌절은
서로 자리를 바꾼다.

한발 더 나아갈수 없는
흑해나 발트해의
답답함에서 벗어나,

동쪽으로 동쪽으로...
태평양에 다다르면,
자연의 힘에 압도되며,
큰 숨을 들이마신다.

2021년 봄에 찾아온
블라디보스톡에서,
우아한 석양빛에
빛나는 졸로토이 대교,

야경의 아름다움에
취해 넋을 잃고 바라보다,
또 다른 본질의 나를 표현하던
내 여권이 사라졌다.

존재와 실존의 증명들은
분실된 여권과 함께 사라지며,
우주 속 내 존재도 사라지며
현실에서의 내 존재도 지워졌다.

황금 빛 석양에 비친 다리를
바라보며 존재하는 나와
얼굴, 이름이 인쇄된 여권 중,

어느 것이 나를 규정하고 있는
진정한 모습이었을까?

그리스 이름 "부활"을 가진 여인,
아나스타시아가
잃어버린 내 여권을 찾고,
나는 본래의 삶으로 돌아간다...

블라디보스톡과 모스크바
일출과 석양,
시간과 현상은 다르지만,
본질은 태양이 뜨고 지는 것.

3년전 증명할 수 없었던
자아상실의 절망과
자아를 되찾은 희망을 주었던
블라디보스톡에서
희망의 빛을 바라보며,

희망과 열정의
시작과 종착점으로
존재적 의미가
수시로 바뀌는 곳

블라디보스톡...

동쪽으로 동쪽으로 가다보면
동방의 빛이 길을 비추고 있고,

벅찬 가슴은 크게 박동치며,
역동적이고 (Dynamic),
절대적 (Absolute),
힘을 찾아서 (Force),

나는 동쪽으로 동쪽으로
발걸음을 디딘다...

В поисках надежды

Владивосток…
Свет надежды простирается на восток…
Самая близкая точка Европы
                        для корейцев —
И столь дальняя Азия для москвичей.

Владивосток…
Надежда и ожидание идут с запада
                        на восток и обратно.
Наши чаяния устремлены
                        к Тихому океану,
А обратно, на запад, стремится
Транссибирская магистраль,
Пронзая континент и озаряя надеждой.

Эта земля меняла многих владельцев…
Владивосток — от «владей востоком».
Славная история, упадок и вновь рассвет
                        сменяют друг друга.
Но истинно правят землей культура
                        и люди!
Российский порт гордо стоит
                        на незамерзающем Тихом океане,
Множество стран в акватории
                        Черного моря и Балтики…
Минуя прохладные дюны и душные ветры,
Мы поворачиваем — путь на восток…
Достигнув безбрежного Тихого океана,
Мы делаем вдох, покоряясь мощи
                        природы.

Весной две тысячи двадцать первого,
                        застыв в восхищении,
Я смотрел на Золотой мост через бухту,
На изящные очертания в лучах закатного
                        солнца…
Как вдруг — исчез сжимаемый паспорт
                        в руках,

Словно знак, что я растворился
                        в пространстве.
Будто в тень ушел сам факт моей жизни
                        и след во Вселенной.
Документ с фотографией и именем пропал
                        в жидком золоте солнца…
Кто же был по-настоящему мною:
                        человек на мосту в золотой дымке —
Или тот, начертанный в паспорте?

Девушка с греческим именем
                        «возрождение», Анастасия,
Увидела припорошенный песком
                        исчезнувший паспорт.
Так явь и мечта воссоединились,
                        и я возвратился к себе…

Владивосток и Москва объединены
                        горизонтом,
Где встает и заходит прекрасное солнце.
Три года назад я чувствовал тщетность
                        стремлений и грусть.
Владивосток вернул яркость красок
                        и силу желаний!

Мой путь — на восток! На восток,
Чьи лучи, освещая путь,
Заставляют сердце биться ритмично
В поисках
Динамичной
Невероятной
Сильной судьбы.
Мой путь — на восток, на восток!

이식쿨 호수에서
- 키르기즈스탄

40개의 부족을 통합한 위대한
마나스의 전설을 갖고,
외세에 굴복하지 않는

영광스런 이름 키르기즈,

젱이시 초쿠스, 레닌 봉
두 개의 높은 산은
키르기즈스탄의 고결한 정신.

솟아 오른 태양은 텐산 산맥을
가로질러 이식쿨 호수로 들어오고,

아득한 옛날부터 수많은 사람들의
넋나간 눈빛과 영혼을 빼앗으면
호수는 청자색이 된다.

이식쿨은 사람도 삼키고
추원을 달리던 말도 삼키고,
병풍같이 높이 솟은
만년 설산도 삼킨다.

주술적 신비한 힘으로
인생 어느 시점에는 반드시
가봐야 하는 생각을 갖게 만드는
이식쿨 호수...

이식쿨 호수에 잠긴 만년설은
이곳에 잠긴 사람들의
눈빛과 영혼을 깨끗하게 만들면,

세상 모든 것을 다 받아서 토해내는
그 아름다움에 가슴을 부여잡고,
사람들은 너무 늦게 왔음에 통곡한다.

이식쿨 호수는 시간의 흐름을 잊고
항상 지금 자리에 있어 왔지만,

이곳을 지나는 나는 막연한
먼 옛날부터 이곳에 왔었던
천고의 기억을 끄집어 낸다.

기억은 과거의 나를 깨우치고,
현재의 나를 생각하며,
미래의 모습을 상상하게 해주고,

과거, 현재, 미래가 통합한
나의 모습은 이식쿨에 남겨진
수많은 그림자가 되어
물살에 찰랑거린다.

이식쿨 호수에서는
각자의 영역에서 찰랑거리며
소란을 떨지만,

광활한 호수는 아랑곳없이
한번의 큰 출렁임으로
작은 찰랑거림을 삼킨다.

위대함이란,
통합인가 아니면 흡수인가?

인간 세상의 사람들처럼
이곳은 계속 가벼운 찰랑거림으로
움직이고 있지만,
그 가벼움에 벗어나
한동안 이식쿨에 빼앗긴
내 눈빛과 영혼을 되찾아,
나만의 조용한 삶으로 돌아온다.

이식쿨 호수,

모두의 가벼운 내면을 휘어잡는
그 통합의 위대함이여...

На берегу Иссык-Куля
- Кыргызстан

Прекрасное озеро шепчет легенду
                    о великом Манасе,
Чья отвага и смелость, сплотив сорок племен,
Победила врагов, прославив отчизну.
Флаг сияет сорока лучами
                    как единство народов,
Высота и свобода — благородный
                    дух Кыргызстана.
Здесь три из пяти высочайших
                    вершин Центра Азии:
Восходящее солнце пронзает высокие горы
                    Тянь-Шаня,
Покоряя пик Ленина и пик Победы, Водопадом
низвергаясь в синие воды.

Иссык-Куль — словно древний колодец,
                    полный тайн и загадок,
В зеркале глади — отражение глаз,
                    кто склонился над ним.
Озеро словно вбирает неукротимый нрав
                    лошадей, пьющих воду,
          седые снега с холодных вершин
   и души людей, пришедших ему поклониться.
Иссык-Куль — огромная воронка, оглотившая
                    историю тысячелетий.
Магия озера притягивает к себе,
Зовет и заставляет думать,
Что у каждого в жизни наступает момент,
Когда должен приехать сюда, коснуться
                    прозрачной воды.
Вечные снега, затопленные в Иссык-Куле,
Очищают глаза и души тех, кто смотрит в воду.
Снега хребтов, словно белые ширмы,
Освобождают сердца, даруя им свежесть
                    и молодость.
Приняв этот дар, люди сокрушаются,
              что пришли сюда слишком поздно…
Озеро Иссык-Куль раскинулось с древности,
                  забыв о течении времени.
Стоя на берегу, я охвачен смутным сомнением,
Будто был здесь когда-то давно.
Воспоминания взывают к моему прошлому,
Заставляют думать о настоящем
И представлять мое будущее.
Так в одном месте объединяются
                    три времени,
Превращаясь в бесплотные тени
На зеркале озера и рябь на воде.
Невысказанные мысли тех,
                  кто стоит на берегу,
То тут, то там порождают живое бурление.
Однако огромная водная гладь
Легко побеждает и рябь, и волнение.

Что же заложено в этом величии
                  мощной воды —
Способность объединения малых
         источников или их поглощение
                в природной чаше?
Что же заложено в величии жизни —
Объединение или поглощение?…

Лазурные воды легко перекатываются,
Их движение подобно путешествию…
Мне же хочется оторваться
                  от этого созерцания.
Я прошу Иссык-Куль вернуть мне душу
                и острое зрение.
Я возвращаюсь к себе…
Озеро Иссык-Куль…
Пробуждая самое светлое в человеке,
Раскрывает величие единения с природой.

사마르칸트
- 비단길, 우즈베키스탄

향, 향료, 비단을 싣고
캐러밴 행렬은
두터운 모래 사막,
영광으로 가득 찬
비단길을 횡단한다.

부와 행복은 함께 오지 않는 법!

캐러밴의 금 위에 세워진 도시는,

칭기스칸의
거친 말 발굽 아래 죽어가며,
핏빛 노을과 선홍빛 강물이
흘러내렸다.

역사의 세찬 바람이 불며,
파괴는 창조로 바뀐다.

티무르의 강력한 힘으로
사마르칸트는 블루 사파이어로
변화하며 반짝인다.

티무르의 거친 말발굽은
세찬 바람을 불러 일으키며,
도시는 힘을 다시 얻으며
위대한 비단길은 부활한다.

부와 행복은 함께 오지 않는 법!

아름다움에는
항상 슬픔이 뒤에 있다.

영원한 삶에는
희생이 따르고,

제국은 피와 희생으로 완성된다.

티무르를 향한
사랑을 위한 슬픈 전설,

빨리 건설하고자 하는 욕망은
아름다운 블루 모스크를 완성했지만,

비비하눔은 뺨이 타오를 듯한
키스 한번으로 생명을 바꿨다.

부와 행복은 함께 오지 않는 법!

무굴 제국의 샤 자한은
사랑하는 아내 뭄타즈 마할의
영원한 안식을 위해,

흰 백색의 타지마할을 세웠으나,
아들의 배신으로 왕권을 빼앗겼다.

영원한 믿음과
완벽한 제국은 없다.

영원을 향한 인간의
부질없는 믿음은

이 땅에 그 흔적만
남기고 사라졌다.

비단길은 흔적만 남아 있고,

사마르칸트 블루 모스크는
아름다운 사랑에 대한 기억만 남기고,
황금빛 노을에 비치며 반짝거린다.

만약, 비단길을 지나던
캐러밴들의 부귀에 대한
행복한 설렘과 소망들이,

제국의 정복자들을 위한
피의 초대장임을 알았다면,
그들은 이 험한 길을 걸어갔을까?

부와 행복은 함께 오지 않는 법!

История великих империй. В Самарканде

Караваны, груженные ценным товаром,
Через толщу песков везут чудесные вещи:
Благовония, специи, драгоценные ткани.
Шелковый путь, овеянный славой.

Богатство и счастье редко идут рука об руку.
Город, построенный на золоте караванов,
Гибнет под копытами яростных лошадей.
Кровавый закат, алые реки при Чингисхане.

Но дуют сильные ветры истории,
Меняя разрушение на созидание.
Самарканд превращается в синий сапфир,
Сверкая под властной дланью Тимура.

Сейчас копыта лошадей созидают.
Их стук вызывает сильные ветры.
Город вновь собирается с силами,
Возрождая Великий шелковый путь.

Богатство и счастье редко идут рука об руку.
За возрождением красоты следует печаль.
Вечная жизнь требует постоянных жертв,
Империя создается через кровь и потери.

Печальна легенда о том, как любовь к
Тимуру, Желание ускорить строение храма
Обернулись красотой голубой мечети,
Но казнью прекрасной Биби-Ханум
От горящего поцелуя в щеку.

Богатство и счастье редко идут рука об руку.
Так Шах-Джахан из Великих Моголов Возвел
Тадж-Махал для вечного сна Любимой
                      супруги Мумтаз-Махал,
Но был вероломно свергнут сыном.

Не существует вечных вероисповеданий.
Уходят в небытие совершенные империи.
Тщетная вера человека в вечность
Исчезает, оставляя невидимые следы.

Лишь легенды напоминают о Шелковом пути.
Сверкает голубая мечеть в Самарканде,
Оставляя память о великой любви…

Купцов влекли Шелковый путь
И безграничная золотая дорога,
Щедро дарующая обогащение.
Но она же и привлекала завоевателей
                      и страшные войны.
Осмелились бы люди идти по этой дороге,
Зная, что она несет еще и реки крови?

Богатство и счастье редко идут рука об руку.

아슈가바트
- 투르크메니스탄

역사의 여명기부터
초원길을 내달렸던
수많은 정복자들의
전쟁은 계속되었다.

서쪽에서 동쪽으로,
동쪽에서 서쪽으로
햇살에 비친 칼날이
한번 휘둘려지면,
땅의 경계가 바뀌며
역사가 다시 시작된 곳.

아할테케 말에 올라
초원을 내달리며,
정복자들의
깃발이 올라가면
따르던 병사들의
함성과 한숨 소리가
새어 나온다.

알렉산더 대왕, 칭기스칸과 아들들,
절름발이 티무르,
끼루스를 굴복시킨 토미리스 여왕,
각각 다른 유목 정복자 이름과
모습으로 나타나,

누구에게는 천국의 모습으로
누구에게는 지옥의 모습으로
삶과 죽음의 경계에서
복종과 순종을 선택 받았다.

문명의 지리적 교차점은
인간의 운명과 마찬가지로
질투, 시기, 정복을 불러온다.

아름다운 투르크멘 카펫을 깐 듯
메르브, 호라산, 트란스옥시아나,
창과 칼이 부딪치며 불탔고,

카스피해는 흥망성쇠의 역사적
영원한 증인이 되었다

이제, 문명의 교차점은 닫혔다.

삶과 죽음의 갈림길에서
방황하던 창과 칼 든 병사들의
함성과 한숨 소리는 멈췄고,

천리를 쉴새 없이 달렸던
자랑스런 아할테케는
걸음을 멈췄고,
초원길과 카라쿰 사막을
정복하던 기억도 사라졌다.

지금의 아슈가바트는

과거를 하얗게 지우고
정복자에게 항복하듯
순백색의 도시로
변신했지만,

밤에는 화려했던 과거의
욕망을 토해내며
흰색의 건물들은
형형색색으로 변신한다.

과거의 옷을 입은 역사는
어떠한 형태라도 그 모습을
현재에 보여주며 반복된다.

Ашхабад, Туркменистан

С древних времен завоеватели
Пересекали равнины, рождая войны.
Взмах клинка, горящий на солнце,
Изменяет границы земли
С запада на восток,
С востока на запад,
Отсчитывая новую историю.

Когда взмывают в небо флаги завоевателей,
Объездивших гордых ахалтекинцев*,
Их сопровождают повсюду
Лишь крики и вздохи идущих за ними солдат.
Александр Великий, Чингисхан с сыновьями,
Тамерлан и бронзовые панцири
                         воительницы Томирис,
Войска кочевницы, разгромившей Кира.

Для некоторых война — рай,
Для других — ад.
На границе между жизнью и смертью
Они были избраны подчинять и подчиняться.

Удачное географическое расположение
На пересечении дорог и цивилизаций,
Словно судьба человеческая,
Притягивает зависть и завоевание.

Словно выстланные туркменскими коврами,
Прекрасный Мерв, Хорасан, Трансоксиана
В зареве мечей и молниях копий.

И лишь Каспийское море — вечный
    свидетель Исторического подъема и падения.
Навек перекрыт перекресток цивилизаций.
Не слышны больше вздохи и крики солдат,
С молниями мечей и копий
Блуждавших на перекрестке жизни и смерти.

Остановился и гордый конь,
Ахалтекинец, пройдя Каракумы.
В прошлом память о покорении
           равнин и пустынь.

Теперь Ашхабад словно выбелен
         минувшим, Подчинившись
                 завоевателю,
Превращаясь в город
       чисто-белого цвета.

Ночью городу снится сон о былом
            великолепии.
Вспыхивают красками белоснежные
                стены.
История, облачаясь в одежды прошлого,
Повторяется вечно, открывая нам
            настоящее.

---

* В оазисе Ахал-Теке 6000 лет назад былавыведена верховая порода лошадей, названная ахалтекинской. Ахалтекинцы отличаются исключительной красотой.

알마티
- 카자흐스탄

천산 만년설은,

하늘에서 바라보면
숨이 막힐 정도로 신비롭고,

땅에서 바라보면,
순수한 아름다움을 보여준다.

파란 하늘 텡그리 신의 손길이
카자흐스탄 땅을 어루만지면,

황금인간의 수 천년 전
무덤이 드러난다.

알마티 - 사과의 조상

황금 옷을 입은
카자흐스탄의 투탄가멘은
알마티를 보며,
사과를 건네준다.

사과는 모두에게
영원한 상징으로
영감을 준다.

아담과 이브,
지식나무의 사과,

파리스가 건넨 황금 사과는
아프로디테, 아테네, 헤라
여신들의 불화를 불러왔고,
여신들의 복수로
트로이 전쟁은 시작했다.

뉴튼의 만유인력,
스티브 잡스의 한입 벤 사과 비밀.

신화와 역사, 과거와 현대를 잇고

문명을 열어 제친

열쇠는 사과였다.

이 땅은 모든 사람들을
너그럽게 포용하며,

19세기 이 땅에
고려인들도 왔다.

사람들은 수천 년간
천산을 바라보면
미래를 꿈꿨고,
세상에 도전했다.

나의 30대의 알마티 생활은,
매일 천산을 바라보며,

잡히지 않는 승리를 위해
허공을 휘저으며,

보이지 않는 전리품을
손에 얻으려고,

땅에 쓰러진 패배자들을
밟고 올라가고자 하는
욕망으로 가득 찼지만,

50대가 되어 찾아온, 알마티

천산의 만년설이 수 천년 전
황금인간에게 그러했듯이,

삶이란 승리나 패배,
성공과 실패는 차이가 없고,

세상살이에 순응하며 사는
지혜와 가르침을 내게 준다.

Алматы, Казахстан

Вечный белый покров на вершинах Тянь-Шаня,
Хлопья снега, летящие к земле,
Вид из самолета словно загадка природы.

Ступаю на землю. Мне раскрывается красота:
Бог синего неба Тенгри коснулся земли Казахстана,
Открыв усыпальницу «Золотого человека» миру.

Казахский Тутанхамон в золотом одеянии
Смотрит на Алматы, дарующий яблоки.
Яблоко не только в названии города.
Яблоко — вечный символ и вдохновение:
Яблоко с Древа познания Адама и Евы,
Яблоко раздора Афродиты, Афины и Геры,
Женская месть как причина Троянской войны.
Упавшее яблоко, вдохновившее Ньютона.
Тайна надкушенного яблока Стива Джобса.

Мифы и прошедшая история —
Словно мост между прошлым и настоящим,
Словно ключ к открытию цивилизации.
Эта земля щедра к разным народам.
Девятнадцатый век — время, когда
На нее пришел корейский народ.

Вечный белый покров на вершинах Тянь-Шаня,
Хлопья снега, вдохновляющие на мечты о будущем.
Тысячелетиями глядя на горы, мы бросали вызов миру.
В мои тридцать, в тот отрезок жизни в Городе яблок,
Неотрывно смотрел я на белые горы Тань-Шаня,
Стремясь к призрачной победе, беспощадно сражаясь,
Желая никого не жалеть и не видеть соперничества.

В пятьдесят вновь гляжу на вершины и город.
Приходит мудрость: смысл жизни
Не в победе или поражении, успехе или неудаче.
Вечные снега Тянь-Шаня наставляют меня так же,
Как тысячелетия назад учили «Золотого человека».

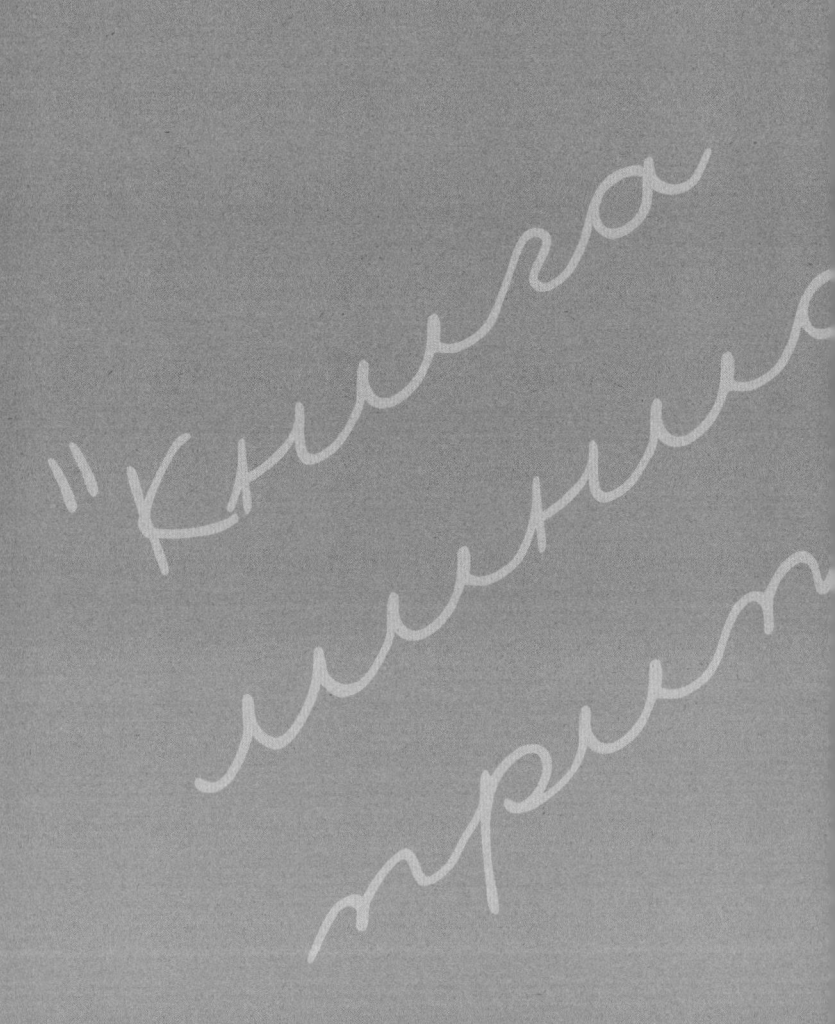

제 3 부
서평

미하일 에피모비치 슈비이트코이
(현 러시아 연방 대통령, 국제문화 협력 부문 대통령 특사,
전 러시아 연방 문화부 장관, 전 러시아 연방 문화 스포츠 분야 국가 행정학과 학과장)

"알레고리 형식의 이 시집은 러시아 독자에게는 아직 낯선 장르로, 독창적인 한국 문학에 대한 신비의 베일을 벗겨줍니다. 동양 문화에 전통적인 관조적 성향은 다층적인 서술 이미지를 만들어 내며, 또한 외부 관찰자의 시선을 사로잡고 익숙한 일상을 새로운 시각으로 바라볼 수 있게 해 줍니다. 이 시집은 모든 연령대의 러시아 독자들에게, 특히 독특한 한국 문화를 접하고자 하는 이들에게 큰 흥미를 불러일으킬 것입니다."

이도훈
(제16대 주러시아 대한민국 대사)

"많은 이들의 사랑을 받고 있는 LG전자 노영남 법인장은 한국 대기업의 유능한 비즈니스맨이 그러하듯, 전략적 사고와 강한 추진력을 겸비한 훌륭한 기업인입니다. 하지만, 노영남 법인장을 그렇게만 이야기 한다면 그 분의 절반만 아는 것입니다. 이 시집이 보여주듯 그는 깊이 있는 자아 성찰을 하고 타인과 함께 공감하며, 러시아와 모스크바에 대한 사랑으로 가득한 분입니다. 이러한 마음으로 지금까지 LG 전자 러시아/CIS 법인을 훌륭하게 이끌어 왔으며, 다양한 어려움 속에서도 LG에 대한 러시아 국민의 사랑을 유지해 올 수 있었습니다. 이 시집을 통해 노영남 법인장의 눈에 비친 러시아를 새로운 시각으로 만나는 기회가 되기를 바랍니다."

М. Е. Швыдкой,
специальный представитель президента Российской Федерации
по международному культурному сотрудничеству, министр культуры РФ (2000–2004),
председатель Федерального агентства по культуре и кинематографии (2004–2008)

«Книга миниатюр-притч на корейском языке — прежде незнакомый для российского читателя жанр, который приоткрывает завесу тайны над самобытной корейской литературой. Традиционная для восточной культуры созерцательность создает многомерные повествовательные образы, которые притягивают внимание стороннего наблюдателя и позволяют взглянуть на привычную повседневность под новым углом. Вне всяких сомнений, это произведение представляет большой интерес для аудитории всех возрастов, желающей познакомиться с уникальной корейской культурой».

Ли До Хун,
16-й Чрезвычайный и Полномочный Посол Республики Корея
в Российской Федерации

«Президента LG Electronics ЁнгНам Ро уважают и любят многие. Он прекрасный бизнесмен, обладающий стратегическим мышлением и большой внутренней силой, как и любой серьезный руководитель крупной корейской компании. Однако использование лишь этих эпитетов по отношению к г-ну Ро показывает, что мы знаем его лишь наполовину. Этот сборник стихотворений раскрывает, что г-н Ро — глубоко размышляющий человек, сопереживающий другим и полный любви к России и Москве. С таким огромным сердцем он успешно руководит корпорацией LG в России и СНГ и смог сохранить любовь российского народа к LG даже в непростое время. Надеюсь, что этот сборник стихов даст возможность увидеть Россию в новом свете глазами президента LG Electronics ЁнгНам Ро».

옐레나 뱌체슬라보브나 할리포바
(로모노소프 모스크바 국립대학교 문화정책 인문경영학부 학장, 교수, 법학 박사, 사회학 박사)

"한국시의 세계에 오신 것을 환영합니다! 노영남 님의 새로운 장르의 시가 있습니다. 저자는 한국의 대기업인 LG 전자 러시아/CIS 법인장으로 의심할 여지없이 재능있고 새로운 지식을 적극적으로 찾아 다니는 모스크바 국립 대학교 학생이며, 시는 그의 삶의 필수적인 부분입니다!

한국어로 표현된 시, 산문의 언어적 차이와 미묘함의 특수성에도 불구하고 러시아어 산문 그대로의 번역으로 한국시의 로맨스, 리듬, 매력 및 내용의 깊이를 상당히 정확하게 전달합니다. 저자의 국적은 중요하지 않습니다. 이 시에서 가장 중요한 것은 운율이나, 단어가 아니라 그 사이에 있는 의미입니다…"

파벨 발레리예비치 사프추크
(러시아 적십자 회장)

"헌혈 행사는 러시아 적십자의 역사 전반에 걸쳐 중요한 활동의 우선 순위 영역 중 하나였습니다. LG 전자와 같은 글로벌 기업에서 주도하는 헌혈 행사는 긍정적인 사회 변화의 원천으로서 매우 중요하고, 시사 문제를 해결하는 데 큰 기여를 하고 있습니다. 제게 깊은 인상을 주었던 그의 시들은 각각 인본주의, 자비심, 보살핌, 사랑을 담고 있으며 작가의 깊은 내면 세계를 반영하며 독특하고 의식적인 생각을 담고 있습니다. 시로 표현 된 사람의 생각을 모든 삶의 가치에 대해 생각한다면 사람들을 적극적으로 돕는 행동에 크게 기여합니다. 주목했던 시 중에는 아주 좋은 문구가 있습니다. '한 방울 피를 다른 사람과 나누면, 인류에게 삶의 기회를 줍니다', 단순한 문구이지만 많은 의미를 내포하고 있습니다."

Е.В. Халипова,
декан Высшей школы культурной политики и управления
в гуманитарной сфере (факультета) МГУ имени М.В. Ломоносова,
профессор, доктор юридических наук, доктор социологических наук

«Добро пожаловать в мир корейской поэзии! Перед вами сборник стихов Ро ЁнгНама в жанре синси – „новая поэзия". Автор – топ-менеджер крупнейшей южнокорейской корпорации, человек, бесспорно, одаренный, в активном поиске и освоении новых знаний, аспирант Московского государственного университета. Оказывается, что это еще не всё: поэзия является неотъемлемой частью его жизни! Несмотря на особенности языковых различий и тонкости корейского стихосложения, прозаический дословный перевод на русский язык довольно точно передает романтичность, ритмику, обаяние и глубину содержания дальневосточной поэзии. Национальная принадлежность автора отходит на второй план. Главное в его стихах — не рифмы, не слова, а то, что между ними...»

П.О. Савчук,
председатель Российского Красного Креста (РКК)

«Донорство на протяжении всей истории существования Российского Красного Креста являлось одним из приоритетных направлений деятельности. Развитие донорства в таких крупных коммерческих компаниях, как LG Electronics, имеет очень большое значение как источник позитивных перемен в обществе и вносит огромный вклад в решение актуальных вопросов. Я бы отдельно хотел отметить стихи президента LG в России и СНГ г-на Ро, которые произвели на меня впечатление. В каждом из этих стихотворений заключены уникальные и осознанные мысли, которые несут в себе гуманизм, милосердие, заботу, любовь и отражают глубокий внутренний мир автора. Эти мысли человека, выраженные в стихах, заставляют задуматься о ценности каждой жизни и способствуют переходу к активным действиям в оказании помощи людям. В стихах есть очень хорошая фраза, которую я для себя отметил: „Поделившись каплей крови с другим, мы даем шанс на жизнь человечеству". Это лишь фраза, но в ней заключен большой смысл.»

율랴 바라노브스까야
(러시아 국영 TV/Radio Public 방송 진행자, 공인)

"지난 4년 동안 친하게 지내왔던 노영남 법인장의 비유 詩는 그의 진정성과 형상화된 이미지가 보이며 매우 매력적입니다. 시에서 그의 철학적인 이해와 독창성에 대해 알 수 있습니다. 흥미 있는 읽을거리이고, 일상의 분주함을 피하고 주변의 모든 것을 새로운 시각에서 자유롭게 시간을 보내는 즐거움으로 새롭게 세상을 바라볼 수 있게 합니다."

올가 카보
(체첸 공화국 인민예술가, 러시아 명예 여배우)

"나는 노영남 법인장의 친절한 마음, 따뜻한 철학같은 시, 모스크바에 대한 그의 진정한 사랑에 진심으로 감사드립니다. 이것은 매우 상호적입니다. 그는 모스크바에 오랫동안 살았기 때문에, 모스크바에 대한 그의 글들이 내 마음에 울려 퍼집니다. 그는 시간에 대해 매우 정확한 추론을 합니다... 모든 사람에게 시간은 자신의 방식으로 흐릅니다...

누군가에게는 삶은 감정과 사랑으로 가득 차 있습니다. 바람처럼 빨리 날아가고, 살아가도록 영감을 주고, 또 다른 누군가에게는 멈춰서 시간의 덧없음을 깨닫지 못하고... 그대로 얼어붙어서 의미없이 죽기도 합니다. 그의 창의성을 알게 되어 매우 기쁩니다. 또한, 그가 세상을 더욱 아름답게 만들기 때문에, 그를 축복하고, 좋은 일과 기쁨이 있기를 기원합니다!"

Юлия Барановская,
теле- и радиоведущая, общественный деятель

«Притчи г-на Ро, с которым мы знакомы уже четыре года, привлекают своей искренностью и образностью. Я вижу в них авторское философское осмысление и оригинальность. Это свежий взгляд на мир и интересное чтение, за которым приятно провести свободные минуты, чтобы отвлечься от повседневной суеты и по-новому взглянуть на всё вокруг».

Ольга Кабо,
заслуженная артистка России,
народная артистка Чеченской Республики

«Я хочу от души поблагодарить г-на Ро за его доброе сердце, за теплые философские стихи, за любовь к Москве (уверена, она взаимна). Ваши строки о столице отзываются в моем сердце, и это неудивительно, ведь вы столько лет прожили здесь. Очень верные рассуждения о времени... Для каждого оно течет по-своему... Для кого-то жизнь полна эмоций и любви, пролетает вихрем и дарит вдохновение; а кто-то останавливается и не замечает быстротечности времени... И тогда просто замирает, погибает в пустоте... С удовольствием познакомилась с творчеством г-на Ро и хочу пожелать ему всех благ, добра и радости! Вы делаете наш мир прекраснее!»

안나 티코미로바, 아르템 오브차렌코
(세계적인 발레 스타, 볼쇼이 극장 수석 발레리나/발레리노)

"우리 가족 친구인 노영남 법인장의 비유 시에 깊은 감명을 받았습니다. 그의 생각이 이렇게도 깊은 줄 몰랐습니다. 어찌보면 단순하고 진지한 말처럼 보일지 모르지만, 지금 이 시점에서는 매우 중요하고 적절한 내용들입니다. 그는 오늘을 살고 즐기는 것, 가족의 가치를 기억하는 것이 얼마나 중요한지 이야기합니다. 그는 이를 '진정한 보석'이라 부르며 하루하루가 독특하다는 자신감을 우리에게 전달합니다."

다리아 클레바노바
(Honored Personality of Republic of Kazakhstan, 카자흐스탄 3선 하원의원)

"나의 친구 노영남 법인장의 창의성을 알게 되어 매우 기쁩니다. 카자흐스탄에서 10년 이상 TV 채널 Owner이자 광고 에이전시로서 LG 전자와 함께 일을 했던 경험에 비추어 본다면, 그가 얼마나 열정적인지 알고 있습니다. 일상의 격무에도 자신의 창조적인 재능을 보여줄 수 있는 시간과 기회를 찾는 것을 보게 되어 기쁩니다.

그의 시가 제게도 매우 가깝게 느껴지고 저도 사회 전체에 중요한 자원 봉사와 헌혈의 주제에 관심을 기울인다는 것을 특별히 언급하고 싶습니다. 이 시들과 비유들이 많은 독자들에게 공감되기를 바랍니다"

Анна Тихомирова, Артем Овчаренко,
звезды мирового балета, премьеры Большого театра

«Мы находимся под глубоким впечатлением от притч г-на Ро, друга нашей семьи. Какие глубокие мысли! Казалось бы, такие простые и искренние слова, но насколько это важно и актуально сейчас. Г-н Ро рассуждает, как важно жить и наслаждаться сегодняшним днем, помнить о семейных ценностях, которые он именует „истинными драгоценностями" и передает нам уверенность, что каждый день неповторим».

Дарья Клебанова,
заслуженный деятель Республики Казахстан,
депутат мажилиса парламента РК III, IV и V созывов

«Мне было очень приятно познакомиться с творчеством мистера Ро, ведь я более десяти лет в качестве руководителя и владельца агентства и ТВ-канала работала с командой LG в Казахстане и знаю, как она увлечена и полна энтузиазма. Радостно, что такой человек, как президент подобного крупного представительства международной компании, в пучине дел находит время и возможность проявить свой творческий талант. Отдельно хочу отметить, что в стихах мистера Ро уделяется внимание теме волонтерства и донорства крови, что очень близко для меня и важно для всего общества. Надеюсь, что эти стихи и притчи найдут отклик в душе многих читателей»..

콘스탄틴 마이어

(Media holding "MAER" 오너, 러시아 산업 및 기업가 연맹 이사회 멤버)

"3년 전에 노영남 법인장을 처음 만나, MAER사의 옥외광고 스크린을 통해서 LG SIGNATURE OLED R TV 마케팅을 진행했습니다. 러시아는 LG 전자의 이 프리미엄 TV가 처음으로 판매된 해외시장이었습니다. LG 전자의 혁신적인 공기 청정기 마스크와 같은 다른 독특한 제품도 선보였습니다. 상트 페테르부르크에서의 LG 전자 헌혈 봉사 프로젝트에 참여한 봉사자들에게 MAER사 Media Facade 대형 화면에 감사 메시지도 올렸습니다. 우리 협력은 계속 될 것이라고 확신합니다.

성공적인 사업은 예술에 가깝습니다. 창조적 접근 방식과 창의적 사고 및 영감이 없으면 전략을 개발하고 미래를 바라 보는 것이 어렵고 불가능합니다. 하지만, 내가 무척 사랑하는 노영남 법인장은 그 스스로가 진정한 예술가이고 사상가이며 창조자임을 증명했습니다. 그는 실제로 예술과 비즈니스를 동일시했으며, 이 두 분야에서 자신의 재능을 실현할 수 있었습니다. 그의 알레고리 형식의 시는, 자연과 식물 및 동물, 계절과 도시, 사람들을 위해 우리가 사는 이 거대하고 다양하면서도 아름다운 세상을 위한 사랑으로 가득 차 있습니다!

'이동 속도에 관계없이 시간은 여전히 같은 방식으로 흐릅니다', 이 얼마나 적절한 표현인지요? 그가 우리에게 보여 주는 영원한 진리의 단순함과 깊이를 잠시 함께 느껴봅시다."

Константин Майор,
владелец и генеральный директор медиахолдинга MAER,
член правления Российского союза промышленников и предпринимателей (РСПП)

«С г-ном ЁнгНам Ро мы познакомились три года назад. Тогда на экранах MAER в Москве была организована видеопрезентация уникального гибкого дисплея – сворачивающегося телевизора, причем наша страна стала первым зарубежным рынком, на котором продавалась подобная техника LG Electronics. Позже мы представляли и другие уникальные новинки, например инновационную маску – индивидуальный очиститель воздуха LG, выводили на гигантский медиафасад в Санкт-Петербурге слова благодарности российским донорам – участникам проекта корпоративного волонтерства LG Electronics. Уверен, что наше сотрудничество будет продолжаться. Я всегда говорил, что успешный бизнес сродни искусству. Без креативного подхода, творческого мышления, без вдохновения трудно, даже невозможно, разрабатывать стратегию развития и смотреть в будущее. Но уважаемый г-н ЁнгНам Ро проявил себя как истинный художник, мыслитель, творец. Он действительно поставил знак равенства между искусством и бизнесом, сумел реализовать свой талант в двух этих сферах. Его мини-притчи наполнены любовью: к природе, растениям и животным, временам года, городам, людям – к нашему такому огромному, такому разнообразному и прекрасному миру! Время всё равно течет одинаково, независимо от скорости движения. Как это верно! Давайте остановимся на мгновение, чтобы ощутить простоту и глубину тех вечных истин, которые открывает нам г-н ЁнгНам Ро».

예카테리나 콜야다
(AKMR 러시아 통신 및 기업 미디어 이사 협회 이사회)

"놀랍게도, 이 시에서 묘사된 내 도시에 대해 한 줄씩 읽다보면, 이전에 내가 보지 못했지만 사랑하고 흠모하고 있었던 모스크바를 보게됩니다. 운전을 하거나, 급히 사업을 급히 진행하거나, 주위를 산책할 때도 깨닫지 못했던 로맨틱하고 철학적인 문구, 특히 내 모교인 모스크바 국립대학에 대한 시를 읽고 나서, 나는 갑자기 노영남이라는 이름의 시인의 눈을 통해 주위를 돌아보면 완전히 다른 세계를 느낍니다.

그다지 다르지 않고, 놀랍지도 않았던 내 주변의 익숙한 것에 대해 완전히 다른 느낌을 갖게됩니다. 그는 완전히 다른 세상의 모습을 내게 열어 주었습니다. 미묘하게 세상을 느끼고, 보면서 함께 읽고 더욱 그의 세계를 통해 여행할 모든 것들에 대해 그림 같은 느낌을 갖도록 모든 것을 묘사합니다."

세르게이 리
(CEO, M.Video - Eldorado)

"저는 이 알레고리 시의 저자인 노영남 법인장을 오랫동안 알고 있었습니다. 저는 그에 대해서 효과적인 리더이자 대화를 잘하는 사람으로 알고 있습니다. 심지어 오랜기간 적극적인 협력 관계로 익숙한 사람들에 대해서도 모든 측면에서 그의 개성과 역량을 발견하게 되면서 놀라움을 결코 멈출 수 없습니다.

나는 이 작품을 읽으면서 생각의 깊이와 작가의 독특하고 특징적인 문체의 특징에 깊은 인상을 받았습니다. 그의 시를 읽는 것은 전통, 사회, 사람들 사이의 관계, 심지어 모스크바의 친숙한 광경들을 그의 시선과 감정의 프리즘을 통해 친숙한 것을 새로운 관점에서 볼 수 있는 방법입니다"

Екатерина Коляда,
член правления Ассоциации директоров по коммуникациям
и корпоративным медиа России (АКМР)

«Удивительно: читаю строку за строкой про свой город и нахожу, что да, я люблю Москву и восхищаюсь ею, но, видя ее глазами поэта по имени Ро, ощущаю совсем иначе мир вокруг, который много раз видела вроде бы разным, но все-таки не таким удивительным. Ро открыл мне ее такой... Я езжу, стремительно мчусь по делам, гуляю, но только читая такие романтические и философские строки, в частности про свою альма-матер, про МГУ, я вдруг смотрю на всё совсем с другой стороны. Он так тонко чувствует мир и так проникновенно и живописно описывает всё, что он видит и чувствует, что хочется вчитываться и путешествовать по его миру дальше вместе с ним».

Сергей Ли,
СЕО «М.Видео — Эльдорадо»

«Я знаком с г-ном Ро, автором этих притч, уже много лет и знаю его как эффективного руководителя и великолепного собеседника. Но оказывается, даже после продолжительного периода активного сотрудничества он не перестает удивлять: ты открываешь всё новые стороны личности и таланты, казалось бы, давно знакомого человека. Я впечатлен этим творчеством — его стихами, глубиной мысли и особенностями, характерными для автора. Для меня его сочинения — это способ взглянуть на знакомые вещи, традиции, общество, отношения между людьми и даже на привычные достопримечательности Москвы с нового ракурса, сквозь призму эмоций нашего уважаемого г-на Ро».

막심 미로폴체예프
(General Director, Technopark)

"제가 알고 있는 노영남 법인장은 모든 것에 대해 신중하고 균형 잡힌 접근 방식을 가진 사람으로 알고 있습니다.
 그는 많은 것을 듣고 자신의 말과 행동을 생각하고, 섣불리 결론을 내리지 않습니다. 러시아에서 많은 시간을 보낸 그는 러시아인의 정신을 잘 알면서 그들과 함께 동참합니다. 제 생각에는 그는 시를 쓰면서 러시아와 한국 두 나라 문화를 결합하려고 노력했고, 그것을 완벽하게 해냈습니다."

유리 에레멘코
(President, Holodilnik.ru)

"이 책은 제 친구인 노영남 법인장의 시집이고, 이미 익숙한 것들에 대한 우리들의 관점을 바꾸는 내용들입니다.
 이 시에서는 절망적인 모스크바 교통 체증, 금욕과 인내에 대한 반성, 등산 및 경력 업적, 화산의 마그마와 감정에 대한 표현을 합니다. 시는 사랑, 야망, 목적, 투쟁, 성취에 대한 가치와 정의에 대해 저자와 함께 생각할 수 있는 기회입니다.
 삶에서 가장 중요한 것 그리고 모스크바 지하철 역과 사랑과 길거리와 눈을 배경을 한 사랑에 대한 내용이 있습니다. 그의 시에서는 흰 눈의 이미지가 반복됩니다. 마치 내 친구인 그의 영혼처럼 하얗고 순수한…"

Максим Миропольцев,
генеральный директор компании «Технопарк»

«Г-на Ро я знаю как человека с обдуманным и взвешенным подходом ко всему. Он много слушает и обдумывает свои слова и действия, не торопясь с выводами. Много лет проведя в России, г-н Ро стал хорошо понимать менталитет россиян и приобщился к нему. Стихами он пытается совместить две нации и их культуру. На мой взгляд, у него это отлично получилось».

Юрий Еременко,
президент компании Holodilnik.ru

«Это книга стихов моего друга Юрия Ро. Стихов, которые меняют привычный взгляд на вещи. Беспросветная московская пробка — и размышления о воздержании и терпении. Покорение гор — и карьерные достижения. Магма вулкана — и проявление эмоций. Стихотворения — повод подумать вместе с автором о любви, амбициях, предназначении, борьбе, цене достижений, справедливости. О самом важном в жизни человека. А еще здесь стихи о любви на фоне московских станций метро, улиц и снега. В стихах Ро повторяется образ белого снега. Белого и чистого, как душа моего друга».

저자의 자기 소개

1970년대의 한국은 교육을 가장 중요한 항목으로 생각해왔기 때문에, 한국의 부모들은 자녀들의 어린시절부터 훌륭한 교육 기회를 주려고 노력해왔습니다. 아마도 교육에 대한 부모들의 이런 열정적인 투자는 단기간 내에 한국의 민주화와 경제적 번영을 만들어 낸 원동력일 것입니다.

저는 언어학, 번역학, 비교문학 분야의 주요 인력을 배출하는 HUFS(한국외국어 대학교)에서 학부를 마쳤습니다. 이 대학은 한국에서 지속적으로 중요한 위치를 차지하며, 한국의 현대화와 민주화에 기여하고 전 세계 인본주의 가치를 발전시킬 수 있는 매우 재능 있는 학생들과 함께 공부 할 수 있는 기회로 이끌어 왔습니다. 또한, 한국 및 인류사에 대한 진지한 이해를 바탕으로, 전 세계를 대상으로 많은 전문가를 양성했습니다. 제가 80년대 중반 일면식도 없는 사람들을 도와주기 위해 서울 길거리에 있던 헌혈차에서 처음 헌혈을 한 것도 이 시기였습니다. 이후, 2010년도 Management에 대한 지식을 더 쌓고 폭넓은 경험을 갖기 위해서, 미국 Thunderbird 대학교에서 Executive MBA를 졸업했습니다.

많은 세월이 지나고, LG 전자 러시아/CIS 법인장으로 러시아에 다시 돌아와서, 실무뿐만 아니라 이론적 지식도 갖추고 싶었습니다. MGU 대학은 러시아 역사와 함께했던, 과학자, 정치인, 그리고 유명인들이 공부해왔던 진정한 교육의 요람이라서 러시아 학생들에게는 MGU는 마법과도 같은 힘이 있습니다. MGU의 긴 역사와 방대한 지식을 갖춘 교수진 그리고 새로운 영감을 솟게 만드는 이 곳의 교육 환경들은 나를 모스크바 국립대 문화정책 인문경영학부 석사과정을 마치고, 박사과정을 시작하도록 이끌었습니다.

저는 1990년 LG 전자에서 처음 일을 시작하였습니다. 지난 34년 동안 러시아, 카자흐스탄, 인디아, UAE, 포르투갈, 헝가리등 LG 전자의 글로벌 사업을 위한 주요 포지션에서 사업 지식과 글로벌 역량을 습득했고, 2020년 세 번째 러시아에 부임하기 전에는, LG 전자 본사에서 Home Appliance 글로벌 해외영업담당을 역임했습니다.

2020년도는 Covid로 러시아뿐만 아니라 전 인류를 위한 중요한 시험기였습니다. 모스크바 도착 후, 러시아의 과학적 성과를 인정하고, 과학자들에 대한 신뢰와 존경의 표시로, 배우자와 함께 스푸트니크 백신을 LG 전자 러시아 법인 인원들 중 처음으로 접종하였습니다. 이후 법인 직원들이 안심하고 접종을 따라했고, 저의 스푸트니크 접종 경험과 긍정적 효과를 설명하는 인터뷰는 나중에 러시아 정부 공식 사이트인 Stopcoronavirus.ru 에 게재되며 모범 사례가 되기도 했습니다.

사람들은 대개 선한 행동을 한 이후에야 비로소 적극적인 참여형 시민이 된다는 것을 알기 때문에, 제게는 이러한 인도주의적 이니셔티브가 항상 매력적이었습니다

2020년대부터 러시아에서 일을 하게 된 것은 매우 기쁘게 생각합니다. 러시아의 중요한 사회 문화적 이니셔티브를 주도한 것도 개인적으로는 영광입니다. 푸쉬킨 박물관

Автор о себе

Друзья, позвольте представиться. Меня зовут ЁнгНам Ро (YoungNam Roh), я президент LG Electronics в России и странах СНГ. Рассказывая о своей карьере, обращусь к далеким 1970-м годам. В Южной Корее знания возведены на высшую ступень и с раннего детства родители стараются дать детям наилучшее образование. Именно это стремление старшего поколения обеспечило экономический взлет и развитие демократических институтов страны. Я окончил университет иностранных языков Хангук (Hankuk University of Foreign Studies) — это главная кузница кадров страны в сфере лингвистики, переводов и компаративистики. Неизменно входящий в число лучших университетов Южной Кореи, этот вуз привлек меня возможностью учиться вместе с талантливыми студентами, способными модернизировать страну и развивать гуманистические ценности во всем мире. Преподавание основано на глубоком понимании истории корейского народа и всего человечества. Университет подготовил множество профессионалов, и они трудятся по всему миру. Кстати, именно в Хангуке я впервые сдал кровь, увидев в конце 1980-х на улицах Сеула мобильные донорские центры как символ бескорыстной помощи незнакомым людям. Позже, в 2010 году, совершенствуясь в области управления и имея за плечами обширный опыт, я окончил программу Executive MBA (EMBA) в Школе глобального менеджмента (Thunderbird, США).

Прошло много лет с тех пор, как я сидел за партой. Приехав в Россию, я захотел приобрести не только практические, но и теоретические знания. Для любого студента аббревиатура «МГУ» звучит магически, ведь это настоящая колыбель образования, здесь учились самые известные ученые, политики и предприниматели. История этого университета, огромные знания преподавателей и творческая среда — всё это побудило меня окончить магистратуру и поступить в аспирантуру Высшей школы культурной политики и управления в гуманитарной сфере МГУ им. М. В. Ломоносова.

Моя работа в LG Electronics началась в 1990 году. Десятилетиями я совершенствовал свои знания на ключевых должностях в бизнес-подразделениях компании — в России, Казахстане, Индии, ОАЭ, Португалии и Венгрии. Непосредственно перед третьим приездом в Россию в конце 2020 года я работал глобальным вице-президентом и руководителем отдела продаж и маркетинга электроники для кухни в LG Home Appliance & Air Solution.

2020 год стал серьезным испытанием для всего человечества. Приехав в Москву, в знак уважения и признания достижений российской науки мы с супругой прошли вакцинацию Sputnik V. Этому примеру последовало большинство сотрудников корпорации в России, и я очень рад, что мое интервью в поддержку вакцинации было опубликовано на официальном портале

과 빈센트 반 고흐의 풍경화 "아를의 붉은 포도밭"에 대한 작품 연구, 보존 그리고 복원을 위한 과학적 연구 프로젝트와 클로드 모네의 "루앙 대성당" 시리즈 2개 작품과 같이 인상주의 학파의 주요 작품에 대한 연구와 보존의 목적으로 함께 협력하였습니다. 상트 페테르부르크에 소재한 마린스키 극장과의 우정도 매우 자랑스럽게 생각합니다.

러시아에서 LG 전자의 헌혈 행사를 적극적으로 홍보하고 있고 (LG 전자 러시아 법인은 2009년 헌혈 분야에서 최초의 정부 파트너) 벌써 115회를 맞이하였습니다. 저도 개인적으로 다섯번이나 소중한 피를 함께 나누면서 적극적으로 참여 중에 있습니다. LG 전자의 이니셔티브가 러시아 연방내 다른 분야 전문가 커뮤니티에서 인정받는 것도 매우 중요합니다. 2021~2022년 러시아 연방 캠페인 조직인 "We are Together"가 LG 전자 사회봉사 활동에 대한 진정성과 사회에 대한 선한 기여도를 인정받아 메달과 감사장을 받았습니다.

러시아 연방 캠페인 "Cultural Code of the donor"와 "Code of the Donor, Mentoring" 분야에서 커뮤니케이션 전문가와 자원 봉사자 커뮤니티 모두 높은 점수를 받았고, 기업 자원 봉사 부문 프로젝트로 러시아 연방 경쟁 부문 "Champions of good deeds"등 많은 영역에서도 높은 평가를 받았습니다.

2024년은 러시아 "가족의 해", CIS "자원 봉사 운동의 해"로 선포되었고, 2023년은 멘토링의 후원 아래 개최되었습니다. 저는 "강한 가족간의 연대, 다른 사람들을 돕고자 하는 열망, 지식을 공유 할 수 있는 능력"은 선행에 대한 사람들의 내적인 필요에서 나온다고 생각합니다.

러시아의 광활한 자연에 대해서는 언제나 감탄하게 되고 여행이 주는 즐거움을 느끼면서 끊임없이 뭔가를 찾아 다니는 행위와 뭔가를 계속 개선하는 활동에 대한 열망들과 그에 따른 가치들을 나름대로 작은 비유 형태(Mini-parables)와 심리치료적 미니어처(Therapeutic Miniatures) 형태로 반영시켜보면서, 지금까지 지나온 나의 삶을 되돌아보는 시간을 갖게 되었습니다.

- 1990: LG 전자 입사
- 1996~2020: LG 전자 러시아, 카자흐스탄, 두바이, 포르투갈, 헝가리, 인도 법인에서 주재원/법인장 역임
- 2021~: LG 전자 러시아/CIS 법인장

правительства России стопкоронавирус.рф. Гуманитарные инициативы всегда меня привлекали, ведь человек становится по-настоящему активным гражданином, лишь начав заниматься добрыми делами.

Я очень рад, что за время работы в России в 2020 году мне выпала честь возглавить важную социокультурную инициативу: LG сотрудничает с Пушкинским музеем, поддерживая научно-исследовательский проект изучения и консервации пейзажа Винсента ван Гога «Красные виноград-ники в Арле. Монмажур», а также исследование двух картин Клода Моне из серии «Руанские соборы». Более того, я горжусь дружбой с Мариинским театром. Я вовлечен в процесс продвижения идеи донорства крови в России (LG стала первой в бизнес-сообществе компанией — партнером государства в этой области в 2009 году), я регулярный донор, присоединившийся к волонтерской деятельности компании, насчитывающей уже 115 дней добра. Восхищаясь активностью российской молодежи, я выступал перед молодыми людьми, которые приехали со всех уголков страны, на Всероссийском молодежном образовательном форуме «Территория смыслов» в 2021 году.

Для меня очень значимо, что наши инициативы находят признание у экспертного сообщества из разных сфер. Так, за активную общественную деятельность LG Electronics удостоена памятной медали и грамоты «За бескорыстный вклад в организацию Общероссийской акции „Мы вместе"» (2021–2022). Просветительский марафон LG «ДНК знаний» получает высокие оценки среди как профессионалов коммуникационной сферы, так и волонтеров, например в рамках всероссийских акций «Культурный код донора» и «Код донора. Наставничество», всероссийского конкурса проектов в сфере корпоративного волонтерства «Чемпионы добрых дел» и многих других.

2024 год объявлен Годом семьи в России и Годом волонтерского движения в СНГ, а предыдущий, 2023-й, проходил под знаком наставничества. На мой взгляд, крепкие семейные узы, желание помочь другому, умение поделиться знаниями — это внутренняя потребность человека делать добро. Именно эти ценности, а также восхищение природой, наслаждение путешествиями, стремление к постоян-ным открытиям и обновлению мне так важно отразить в своих мини-притчах, или терапевтических миниатюрах.

우리가 찾는 진짜 보석

초판 발행 2024년 9월 30일

지은이　노영남
펴낸이　김선명
펴낸곳　뿌쉬낀하우스
편집　김현정, 다리야 미하일로바
디자인　박서현
주소　서울시 중구 퇴계로20나길 10, 신화빌딩 202호
전화　02)2237-9387
팩스　02)2238-9388
이메일　book@pushkinhouse.co.kr
홈페이지　www.pushkinhouse.co.kr
출판등록　2004년 3월 1일 제 2004-0004호

ISBN 979-11-7036-088-9 (03810)

Published by Pushkin House. Printed in Korea.
Copyright ⓒ 2024 노영남
Copyright ⓒ 2024 Pushkin House

Адаптация текста на русский язык и консультирование: Татьяна Шахнес

* 이 책은 저작권법에 의해 보호를 받는 저작물이므로 무단 전재와 무단 복제를 금합니다.